KB040555

다음 세대를 생각하는
인문교양 시리즈

창의적 생각의 발견, 글쓰기

창의적 글쓰기를 위한 아이디어 얻는 법

정희모 지음

샘터

글쓰기의 즐거움

《돈키호테》를 쓴 세르반테스는 "글은 그 사람의 영혼을 보여준다"라고 말했습니다. 글은 글을 쓴 사람의 내면과 생각, 삶을 반영하고 있지요. 우리의 선인들도 글이 곧 인품이고 삶이고, 정신이라고 생각했습니다. 예를 들어 정약용도 글이란 "마음 깊숙한 곳에 쌓아둔 지식이 저절로 밖으로 나오는 것"이라고 생각했지요. 사람의 평소 인품과 학습, 수양 과정이 모두 모여 한 편의 글을 이룬다고 본 것입니다. 그래서 좋은 글을 쓰기 위해 자신의 내면을 닦고 마음을 수양해야 한다고 말했습니다.

좋은 글을 쓴다는 것은 이렇게 어려운 일인가 봅니다. 멋진 문장으로 가득 차 있으면서도 깊은 사색과 철학이 담긴 그런 글을 누구나 쓰고 싶겠지만 쉽지가 않습니다. 마음에 드는 글을 썼다고 생각하여 다시 읽어보면 그렇지 않을 때가 더 많습니다. 좋은 글을 쓰고 싶다고 마음대로 쓸 수 있는 것은 아닌 것이지요. 그래서 항상 글쓰기는 어렵고 힘든 것이 사실입니다.

그렇지만 글을 잘 쓰면 정말 좋은 점이 많습니다. 글을 잘 쓴다는 것은 큰 장점이자 축복이기도 합니다. 좋은 글을 쓰면 남들로부터 좋은 평가를 받고 높은 성과도 얻을 수 있습니다. 게다가 더 큰 기쁨은 글을 통해 자신을 돌아볼 수 있고, 자신이 생각지 못한 창조의 세계를 만들 수 있다는 점이겠지요. 글은 우리로 하여금 우리의 생각이 무엇인지 그 근원과 미래를 보여주고, 한 걸음 앞으로 나아갈 수 있도록 도와줍니다. 그리고 우리가 미처 생각지 못했던 상상과 꿈의 세계를 열어주지요. 모든 상상력과 창의성은 글을 통해 드러나고 글쓰기를 통해 발전합니다. 그래서 글은 우리 생각의 기원이자 종착점이 되기도 합니다. 좋은 글을 쓴다는 것은 그만큼 우리에게 중요하고 가치 있는 것이기도 하지요.

이 책은 글쓰기를 통해 이런 창의적인 세계를 경험하길 원하는 분들을 위해서 기획되었습니다. 글을 통해 자기 생각을 발전시키고 새로운 생각을 드러내기 위해 어떤 아이디어를, 어떻게 만들어야 할지 이 책에서 다루고 있습니다. 책의 제목에 보듯이 창의적인 글을 쓰기 위한 아이디어 창안법이 이 책의 주요 관심사입니다. 주된 내용은 우리 생각과 주제의 관계가 어떠한지, 주제의 종류가 무엇인지, 아이디어를 어떻게 얻을지, 아이디어를 어떻게 구성하면 될지에 관한 논의들입니다. 독자 여러분들은 이런 내용을 통해 창의적인 주제와 다채롭고 풍부한 내용을 찾는 데 도움을 받았으면 좋겠습니다.

글쓰기 학습을 하면서 꼭 알아야 할 것은 쓰기 학습이 내용을 직접 다루는 교과가 아니라 쓰는 방법을 습득하는 기술 교과에 가깝다는 것이에요. 피아노를 치는 것이나 운동을 학습하는 것과 유사합니다. 그래서 책을 읽으면서 여러분이 해야 할 것은 내용을 참고해서 좋은 주제로 직접 글을 써보는 것입니다. 미국의 작가 나탈리 골드버그는 “글쓰기는 글쓰기를 통해서만 배울 수 있다. 자신의 바깥에서는 어떤 배움의 길도 없다”라고 말한 바 있지요. 글쓰기 책을 통해 쓰기 이론을 배워도 이것을 직접 글을 쓰는 과정으로 전환하지 못하면 아무 소용이 없답니다. 이 책에는 다양한 주제 창안 방법과 구성 원리가 포함되어 있습니다. 이 책의 원리에 따라 직접 글을 작성해보면 좋은 성과가 있을 것으로 생각합니다.

오랫동안 글을 쓰면서 느낀 것은 글쓰기가 정말 힘들다는 사실입니다. 글쓰기는 자기 자신과의 싸움을 통해 험난하고 힘든 시간을 거쳐야만 하는 노동 같습니다. 그것도 정말 모든 힘을 다해 노력해야 겨우 성과를 얻을 수 있는 매우 원칙적인 작업 같지요. 그렇다고 글쓰기를 회피하고 살 수는 없습니다. 매번 힘들면서도 책 읽기를 멈출 수 없고 글쓰기를 중단할 수가 없는 이유는 그 속에 새로운 것을 찾고 또 다른 창의적인 생각을 펼칠 수 있는 즐거움이 포함되어 있기 때문입니다.

여러분도 이 책을 읽으면서 책 읽기의 즐거움, 글쓰기의 기쁨을 함께 느껴보기를 간절히 바랍니다. 이 책이 글쓰기의 주제와 내용을 다루고 있지만 다양한 인문학적 지식도 함께 거론하고 있습니다. 좋은 지식과 내용, 방법을 습득해서 한 걸음씩 앞으로 나아가면 어느새 좋은 글을 쓰는 자신을 발견할 수 있을 것입니다. 이 책을 통해 여러분의 글쓰기가 한결 더 나아지기를 간절히 기원합니다.

2020년 9월 11일

정희모 올림

| 차 례 |

여는 글 글쓰기의 즐거움 _ 4

1장. 글쓰기는 힘이다

구술 세계와 문자 세계 _ 12
소포클레스의 〈오이디푸스왕〉 _ 17
분석과 비판의 힘 _ 24
글쓰기의 유용성 _ 28

2장. 창의성은 어디서 나올까

로마와 고트족의 전쟁 _ 34
의미와 의미의 결합 _ 39
언어와 창의성의 관계 _ 42
지식, 구성력, 문장력 _ 49
인문학적 지식과 지성성 _ 52
독서와 글쓰기 _ 55

3장. 주제 선택에서 창의성이 나온다

버핏의 경기장 _ 60
주제를 찾는 방법 _ 67
사실의 문제와 개념의 문제 _ 73
질문에서 주제로 _ 79
칸트의 취미판단 _ 84

4장. 주제에는 어떤 유형이 있을까

문제 해결 주제 _ 94
쟁점 주제 _ 100
개념과 지식 주제 _ 106

5장. 창의적 아이디어는 어떻게 얻을까

시대적 가치관의 이면 읽기 _ 116
문제를 재정의하고 분석하기 _ 120
문제를 다른 관점에서 바라보기 _ 124
분석하고 따져보기 _ 127

6장. 구조는 흐름이다

구조 짜기의 필요성 _ 140

글의 구성 규칙 _ 143

글의 흐름 찾기 _ 146

글감과 자료의 기능과 순서 _ 157

구성과 이야기 흐름 _ 163

7장. 글쓰기는 새로운 세계의 창조다

하버드 대학생의 글쓰기 _ 170

쓰기와 생각의 확장 _ 176

글쓰기와 세계로의 확장 _ 179

참고문헌 _ 184

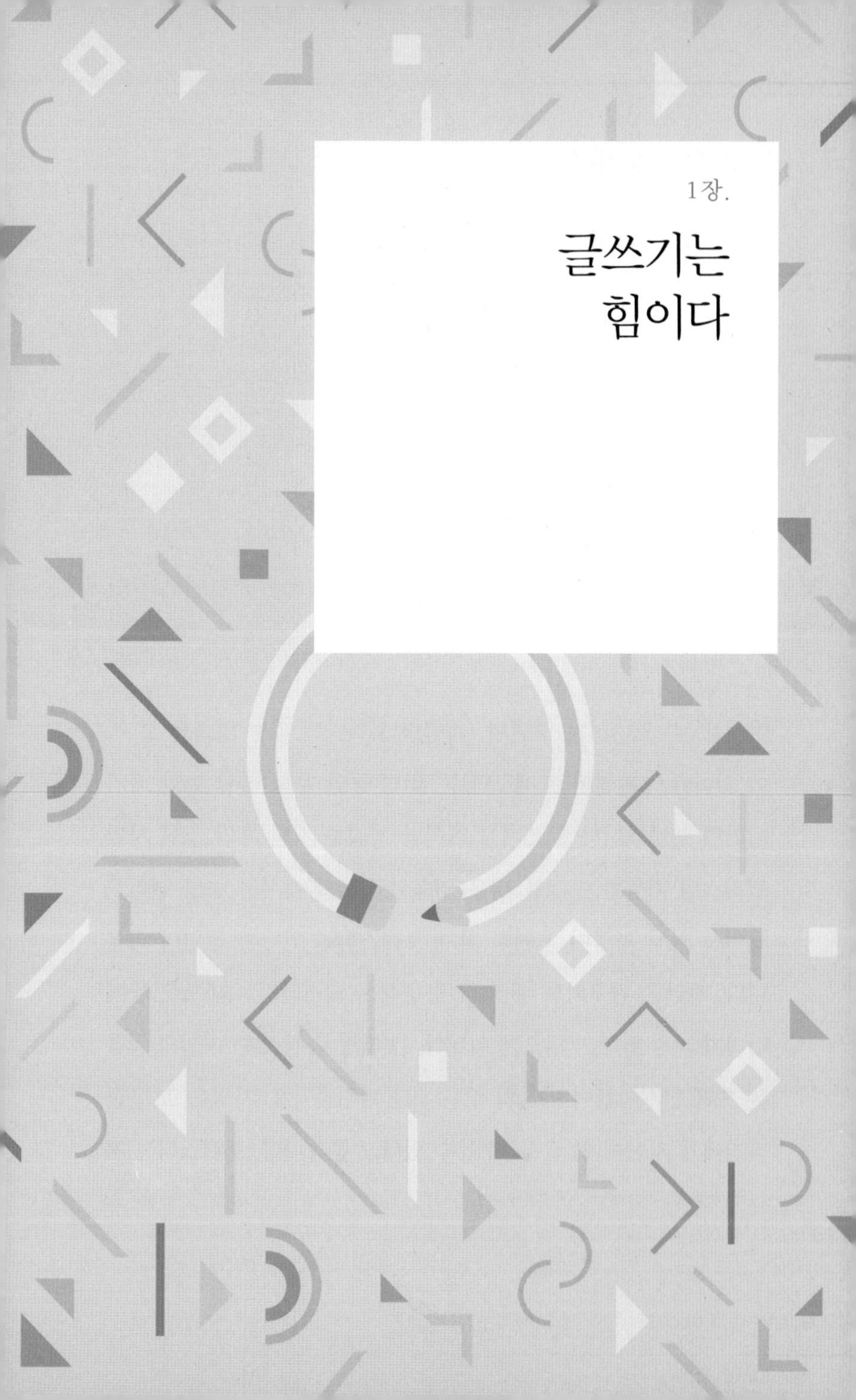

1장.

글쓰기는 힘이다

구술 세계와 문자 세계

여러분, 숀 코너리가 주연한 〈파인딩 포레스터〉라는 영화를 본 적이 있나요? 〈파인딩 포레스터〉는 40년 동안 은둔 생활을 한 작가 윌리엄 포레스터와 글쓰기에 뛰어난 자질을 지닌 흑인 소년 자말 윌리스의 따뜻한 우정을 담은 영화였죠. 영화에서는 농구 잘하는 열여섯 살의 자말이 우연히 작가 포레스터를 만나는 장면이 나옵니다. 자말은 친구와의 내기 끝에 몰래 포레스터의 아파트에 들어갔다가 가방을 두고 나오게 됩니다. 그 가방 속에 있는 자말의 글을 본 포레스터는 글이 범상치 않은 것을 발견하지요. 자말은 그 은둔 작가에게 자신이 쓴 글을 봐줄 수 있냐고 묻습니다. 포레스터는 자딸에게 말하지요. "네가 올 줄 알았다. …… 네 글에는 살면서 뭘 하고 싶은지에 관한 의문이 가득 차 있지. 그건 학교에서 대답해줄 수 없는 질문이야." 포레스터는 글만 보고 자말의 마음속 깊이 감추어져 있는 내면의 갈등을 읽어낸 것이지요.

글쓰기가 왜 중요할까요? 글은 말하기, 듣기, 읽기, 쓰기와 같은 의사소통 도구 중 그래도 가장 깊이 있고 차원 높은 내용을 전달할 수 있는 수단입니다. 물론 말하기와 듣기 같은 구어체 담화도 서로 표정을 보면서 대화 속에 담긴 내면의 정서를 전달할 수 있지만, 문장이나 텍스트가 주는 깊이나 다양성을 따라갈 수는 없습니다. 예를 들어 좀 어렵지만 아래 문장을 봅시다.

> 사회의 기본적 가치, 즉 자유와 기회, 소득과 부, 인간의 존엄성 등이 평등하게 분배되어야 하며, 이러한 가치의 불평등한 배분은 그것이 사회의 최소 수혜자에게 유리한 경우에만 정당하다.

이 말은 유명한 철학자 존 롤스John Rawls가 정의正義에 대해 규정한 것입니다. 사회에서 유형, 무형의 재화를 평등하게 분배하되, 혹시 불평등이 있을 경우에는 약자에게 유리한 경우에만 정의롭다고 본 것이지요. 정의롭다는 것을 가치의 분배에서 바라보되 소수의 약자를 보호하고자 한 것입니다. 이런 표현을 구어나 담화로 했을 때는 이해하기가 어렵습니다(친구가 빠르게 이런 말을 했다고 상상해 보세요. 무슨 말을 하는지 이해하기 어려워 짜증이 날 겁니다).

텍스트의 장점은 멈추어 생각하고, 단어 하나하나의 의미를 곰곰이 따져 깊은 의미를 찾아낼 수 있다는 점입니다. 사회의 기본적 가치, 소득, 부, 인간의 존엄성, 평등, 최소 수혜자 등 모든 어휘는 우리에게 생각할 시간을 요구합니다. 그래서 저는 글쓰기의 힘은 우리에게 생각을 요구하는 것, 다시 말해 시간을 붙잡아 우리가 어떤 내용에 대해 곰곰이 생각해보도록 하는 것이라고 봅니다. 구어에서는 말하는 순간 내용이 사라지지만, 글쓰기는 내용을 우리 앞에 붙잡아 다시 생각해보게 만듭니다.

글쓰기의 특징을 말할 때 이 '생각의 힘'을 빼놓을 수 없습니다. 우리가 생각을 할 수 있고 없고는 매체의 특성과 밀접한 관련이 있습니다. 매체라고 말하니 어렵게 생각할 분이 있을지 모르지만, 쉽게 말하면 '전달 수단', '전달 도구'를 의미합니다. 대표적인 것이 '구어'나 '문어'를 들 수 있고, '영화'나 'SNS'도 이에 해당합니다. 모두 의미를 전달하는 수단이나 도구를 의미하는데, 중요한 점은 매체가 달라지면 생각하는 방식이 달라진다는 겁니다.

예를 들어 여러분과 제가 원시 부족민이 되었다고 생각해봅시다. 문자는 없고 오직 말로써 부족의 역사를 기록해야 한다면, 정말 중요한 것은 틀리지 않도록 끊임없이 반복해서 이를 기억해내야 한다는 것이지요. 그리고 후손들에게 이를 그대로 알려주어야 할 겁니다. 그래서 대체로 노래의 형태로 외우기 쉽도록 해서 한 사회의 전통이나 역사를 후대 사람에게 알려주는 경우가 많습니다. 우리가 잘 아는 서사시나 구전 시가들이 여기에 해당합니다. 서사시나 시가들은 음악적 운율이 있어 이런 내용을 전하기에 유리합니다. 단군신화와 같은 건국신화도 사람들 사이에 구전으로 내려오다가 문자로 기록된 것입니다.

구전(말로 전하는 것)으로 집단의 역사를 후대에 전할 때 사람들은 기본적으로 각자 자신의 기억에 의존합니다. 내가 전해들은 것을 틀리지 않게 다른 사람에게 전달하는 게 중요하지요. 그것은 곧 나와 다른 사람, 공동체 전체의 결속을 위해 필요한 일입니다. 과거의 이야기가 현재에도 이어지기 때문에 구술 세계는 과거와 현재가 일치하는 경향이 있으며 개인보다 집단 중심으로 이야기를 전개합니다. 그래서 구술 세계에서는 개인보다 전체를 중시하고, 비판보다 공감의 능력을 중시하지요.

글쓰기의 특성은 이런 구술성의 세계와는 정반대의 특징을 가지고 있습니다. 우선 문자로 내용을 기록하여 본다는 것은 청각을 이용하는 구술성과 달리 시각적 이미지를 사용하여 문자를 보는 것이라 할 수 있지요. 문자로 쓴 내용의 문서를 우리는 텍스트라고 부릅니다. 말로 하는 구술과 달리 일단 문자로 기록되면 시간을 두고 내용을 찬찬히 다시 들여다볼 수 있습니다. 말로 하는 대화는 시간이 지나면 사라지지만, 글을 쓴 텍스트는 언제나 다시 읽어볼 수 있어요. 그래서 텍스트와 나 사이에 거리가 생기고, 비로소 그 내용을 객관적으로 따져볼 여유가 생기는 것이지요.

글을 쓰는 것은 나와 글을 쓰는 대상을 분리하고 그 글의 내용을 하나하나 객관적으로 따져볼 기회를 우리에게 줍니다. 그래서 많은 학자들이 구술의 시기가 지나가고 문자의 시기가 오면서 대상을 객관화하고 분석하고 비판할 수 있는 사고가 생겼다고 봅니다. 이런 내용을 살펴보면, 글을 쓴다는 것은 나 자신뿐만 아니라 우리가 살펴보고자 하는 대상을 객관적이고 분석적으로 탐구해볼 수 있는 기회를 주는 것이라 할 수 있어요. 그래서 글쓰기는 가장 논리적이고 분석적이며 지적인 소통 도구이며 우리가 반드시 익혀야 하는 도구라고 말할 수 있습니다.

소포클레스의 〈오이디푸스왕〉

자, 그럼 예문을 하나 읽어볼까요.

오이디푸스의 운명

두껍고 어려운 고전 책을 읽다 보면 '이 책을 꼭 읽어야 하나' 하는 생각이 들 때가 많다. 그래도 책에서 손을 떼지 못하는 것이 고전 읽기이다. 도대체 무엇을 얻자고 이렇게 힘들게 고전을 읽을까? 고전의 유용성에 대해서는 다양한 해석이 있지만 나는 그중에서도 유종호 선생의 말이 가장 기억에 남는다. 유종호 선생은 고전을 통해 얻는 것은 '하늘 아래 새로운 것이 없다는 새삼스러운 깨우침'이라고 말했다. 고전을 통해서 새롭고 대단한 지식을 얻는 것이 아니라 우리와 비슷한 삶을 살아간 선인들의 삶의 지혜를 얻는다는 것이다. 고전은 이전 삶을 보면서 현재 삶을 깨우치기 위해서 읽는다.

'하늘 아래 새로운 것은 없다'는 말의 의미는 〈그리스 비극〉을 읽으면 잘 드러난다. 그리스 비극에는 3대 비극작가 아이스킬로스, 소포클레스, 에우리피데스의 여러 작품들이 남아 있지만, 그 정수는 역시 소포클레스의 비극 작품들이다. 특히 소포클레스의 〈오이디푸스왕〉을 읽고 있노라면 등장인물의 성격과 행동이 오늘 우리의 모습과 비슷하여 과거와 현재를 착각할 때가 많다. 오이디푸스는 성격이 조급하여 남을 시기하고 의심하기를 잘한다. 그뿐만 아니라 그런 급한 성격 때문에 주위와 자기 자신까지 파멸로 몰아넣게 된다. 오이디푸스의 비극이 신이 만든 각본에 의해 일어났다고 말들 하지만 실상 그 자신의 성격에서 비롯되었다는 말도 충분히 일리가 있다. 오이디푸스는 질투하고 의심하며 그것 때문에 절망하고 좌절하는 우리의 모습과 흡사하다.

그러나 〈오이디푸스왕〉 속에는 이와 다른 오이디푸스의 면모도 있다. 테베에 역병이 돌자 오이디푸스는 신탁에 의해 전왕 라이오스를 죽인 범인을 붙잡아야만 했다. 그런데 오이디푸스에게 처한 비극은 바로 자신이 그 사건의 범인이란 사실이다. 오이디푸스는 범인이 자신임에도 불구하고 그것을 추적하여 밝혀야만 하는 모순된 상황에 처하게 된다. 그런데 오이디푸스의 영웅적 면모는 이런 상황에도 불구하고 진리를 찾기 위해 주저하지 않는다는 점에 있다. 오이디푸스는 사건을 파헤치며 자신이 바로 그 범인임을 알게 되었음에도 그것을 회피하거나 은폐하지 않았다. 오히려 그는 사건을 은폐하기를 권하는 주위 사람의 청을 거부한다. "나는 그것을 듣지 않을 수 없고, 그래도 기어이 들어야겠다." 운명을 피하지 않고 정면으로 도전하는 그는 굴욕적인 삶보다 정의로운 삶을, 비겁한 삶보다 명예로운 죽음의 길을 택한다. 그래서 여러 해설서에서는 오이디푸스가 적극적이고 능동적으로 자신의 운명을 받아들이고 그것과 대결했다고 적고 있다.

그렇다면 우리는 비극적 파멸을 향해 달려가는 오이디푸스를 어떻게 평가해야 할까? 진리를 찾기 위한 열정 때문에 그랬다고 평가할까, 아니면 다급한 성격 때문에 어쩔 수 없었다고 평가할까. 어느 쪽으로 보아도 틀린 답은 아니다. 오이디푸스왕은 영웅적 면모와 인간적 면모, 이 두 가지의 요소를 다 가지고 있기 때문이다. 그래서 오이디푸스의 파멸은 피할 수 없는, 운명적인 것으로 보이기도 하고, 또 급한 성격 탓에 스스로 자초한 것으로 보이기도 한다. 중요한 것은 〈오이디푸스왕〉을 읽으면서 우리가 운명적 삶과 주체적인 삶에 대해 다시 생각해보는 것이다. 운명은 신의 몫인가? 우리의 몫인가?

- 정희모, 《조선일보》, 2006. 2. 19.

위의 글은 제가 어느 일간지에 고전 읽기 항목으로 발표한 글입니다. 당시 여러 권의 고전을 소개했던 기억이 납니다. 고전 중에 역시 압권은 그리스 비극이지요. 여러분에게 질문을 하나 할까요? 그리스 비극은 구술을 바탕으로 쓴 대본일까요, 아니면 직접 글로 작성한 대본일까요? 그리스 비극은 큰 극장에서 공연한 연극을 바탕으로 하고 작가가 분명하니, 글로 쓴 대본이 확실합니다. 하지만

이 시대는 여전히 구술이 지배하던 시대였고 그리스 비극은 노래와 춤이 중심이 된 종합예술이었기에 문자의 영향력은 크지 않았습니다. 그래서 대본이라 하더라도 그 영향력이 크지 않았을 겁니다. 당시에 연극은 디오니소스 축제 기간에 모든 그리스 시민이 참여하는 국가적 행사였고, 또 한 사람의 작가가 대본뿐만 아니라 무대, 안무, 기획, 흥행을 모두 책임져야 하는 시스템이었기 때문입니다. 그리스 시대에는 문자는 존재했지만 모든 것이 구술로 이루어졌던 것이지요.

플라톤이 그의 저서 《공화국》에서 시가를 비난하고 시인을 추방해야 한다고 주장했던 사실은 잘 알려져 있습니다. 그렇지만 그때 플라톤이 공격했던 것은 문자로 된 시가(문학)가 아니라 구술로 전통을 이어주던 시가 양식입니다. 그리스 시대에는 여전히 모든 전통을 구술로 전달해주던 시가 형식을 가지고 있었습니다. 플라톤이 비판했던 것은 이와 같은 구술적 시가 형식이었죠. 그리스 시대에 문학이 발전하지 못했던 것은 문자를 해독할 수 있던 독자층이 그만큼 형성되지 않았기 때문입니다. 문자를 가지고 뛰어난 문학작품을 만들 작가가 있다고 하더라도, 그것을 읽어줄 독자가 없다면 아무 소용이 없지 않을까요.

소포클레스의 〈오이디푸스왕〉이 그리스 비극 중 가장 뛰어난 작품임은 누구나 인정합니다. 그런데 사실 〈오이디푸스왕〉의 주된 이야기는 구술로 전해 내려오던 신화적 이야기입니다. 사람들 사이에 전해져 오던 신화적 이야기는 다음과 같습니다.

아테네의 북쪽에 위치한 도시국가 테베의 왕 라이오스는 이들을 출산합니다. 아들은 태어나자마자 아폴론의 신탁을 통한 저주를 받게 됩니다. 신탁의 내용은 아이가 자라 자신의 아버지인 라이오스를 살해하고 자신의 어머니와 결혼하게 된다는 겁니다. 이런 신탁에 깜짝 놀란 라이오스왕은 목동을 시켜 아이를 죽이기로 합니다. 아이를 차마 죽일 수 없었던 목동은 이웃나라 목동에게 아이를 맡깁니다. 이웃나라 코린토스왕은 목동이 기르던 아이를 보고 양자로 삼기로 합니다. 그 아이가 바로 오이디푸스입니다.

성장한 오이디푸스는 여행을 하다가 삼거리에서 마차를 탄 노인과 시비가 붙어 그 노인을 살해합니다. 그 노인이 바로 오이디푸스의 아버지 테베의 왕 라이오스였지요. 이후 오이디푸스는 테베를 협박하던 스핑크스를 수수께끼를 풀어 물리치고 테베의 왕이 됩니다. 그리고 테베의 왕 라이오스의 아내(실제 그의 어머니) 이오카스테와 결혼을 하게 됩니다. 아폴론의 신탁이 성취된 것이지요. 오이디푸스의 패륜에 놀란 신들은 테베에 역병과 기아를 징벌로 내립니다. 역병과 기아로 고생하던 백성들은 오이디푸스왕을 찾아가 신의 노여움을 풀어주기를 간청합니다.

소포클레스의 〈오이디푸스왕〉은 테베의 백성들이 왕의 궁전에 찾아와 간청하는 장면을 보고 한탄하는 오이디푸스왕의 대사로부터 시작합니다. 실제 그리스 비극 〈오이디푸스왕〉은 구전되어오던 신화를 바탕으로 이후의 이야기를 그리고 있는 것이지요. 〈오이디푸스왕〉은 연극의 대본이지만 실제 구전되어온 당시의 신화를 바탕으로 한 것입니다.

분석과 비판의 힘

제가 관심을 갖는 것은, 만약 다른 신화처럼 〈오이디푸스왕〉이 문자로 된 대본이 아니라 구술 전승되는 이야기였다면 과연 앞의 예문처럼 작품을 객관화하여 분석과 성찰의 글을 쓸 수 있겠느냐 하는 것입니다. 예문에서는 오이디푸스의 비극에 대해 여러 가지 관점으로 해석을 합니다. 오이디푸스의 비극은 인간이 어떻게 할 수 없는 운명의 힘에 의한 것일까요? 아니면 매사 진지하고 성급한 오이디푸스의 성격 때문에 벌어진 일일까요? 오이디푸스는 자신이 아버지를 죽이고 어머니를 아내로 맞이할 것이란 끔찍한 운명을 듣고 이를 피하기 위해 엄청난 노력을 합니다. 그러나 그 노력 때문에 그는 그 운명 속으로 들어가게 됩니다. 운명이란 우리가 통제할 수 없는 것으로 여기지만, 그것도 결국 우리의 행위를 통해 드러납니다. 오이디푸스의 비극에 관한 텍스트를 보면서 우리는 비로소 인간과 운명의 관계에 관한 아이러니한 삶의 한 측면을 보게 됩니다.

우리가 텍스트를 읽고 텍스트를 쓴다는 것은 이제 우리가 살펴보고자 하는 대상, 즉 '오이디푸스의 삶과 그 이야기'를 비로소 멀찌감치 두고 그것이 이렇다 저렇다 말할 수 있게 된다는 것이지요. 우리가 다양한 글을 읽고 그에 대해 글을 쓴다는 것은 세상을 객관적으로 보고 분석하고 평가할 수 있는 도구를 얻는다는 것과 동일합니다. 좋은 글을 쓸 수 있을 때 비로소 세상을 지적이고 이성적으로 분석할 수 있는 힘을 가지게 됩니다. 우리가 다른 사람에게 오이디푸스의 비극을 말로 전달할 때는 그 대상을 분석할 틈이 없지만, 텍스트를 읽고 글을 쓸 때는 오이디푸스가 처한 상황을 통해 인간에게 닥친 운명과 그것을 헤쳐가는 성격과 행동에 대해 고민해보게 됩니다. 글이 없었으면 애당초 이런 분석은 불가능했겠지요.

글쓰기와 텍스트의 어떤 측면이 우리에게 이렇게 이야기를 따져보고 분석해볼 수 있는 힘을 주었을까요? 구술 세계에서 문자 세계로 넘어오면서 가능했던 이 획기적인 변화는 아마 대상을 시각화시켰다는 점일 겁니다. 이야기를 말로 전해 듣는 것보다 문자로 보는 것은 여러 가지 이점이 있습니다. 우선 시간상의 한계를 극복할 수 있어요. 이야기를 말로 전해 들으면 금방 잊어버리지요. 이야기를 녹음하지 않는 이상 다시 듣기는 어렵기 때문입니다. 문자의 발명은 이런 한계를 쉽게 극복할 수 있도록 해주지요. 종이에 기록된 이야기들은 언제, 어디서나 다시 볼 수 있습니다. 그렇기 때문에 다시 우리가 그 이야기를 곰곰이 살펴볼 수 있는 이점을 가집니다.

글을 쓴다는 것은 사람들이 다시 읽을 수 있다는 것을 전제로 합니다. 그래서 쓰는 사람도 이야기를 말로 전하듯 쉽게 쓸 수는 없습니다. 말과 다르게 글을 쓸 때는 천천히 말하고자 하는 대상을 다시 한번 되짚어보고, 잘못 생각한 점은 없는지 곰곰이 따져보아야 합니다. 또 쓰고 있는 글을 다시 검토하면서 무언가 논리적 허점이 없는지 살펴보게 되지요.

앞에서 〈오이디푸스왕〉을 읽고 글을 쓴 것도 이런 과정을 반복한 겁니다. 문자로 된 〈오이디푸스왕〉을 읽고 그의 삶과 운명을 되돌려보고, 무엇이 이런 결과를 만들게 한 것인지를 생각해보아야지요. 오이디푸스는 결국 신탁대로 될 수밖에 없는 운명이었을까요? 이처럼 가혹한 신탁을 벗어날 수 있는 방법은 없었을까요? 운명은 누가 만드는 것일까요? 인간은 신의 운명을 거슬러 스스로 자기 삶을 개척할 수는 없는 것일까요? 우리는 정답이 없는 이런 질문을 반복해야 합니다. 이런 질문을 하면서 우리 자신과 우리의 삶을 되돌아볼 수 있는 겁니다. 우리는 책을 읽고 글을 쓰면서 깊은 사고와 논리, 상상의 세계 속으로 들어가게 됩니다. 책을 읽고 글을 쓰면서 우리는 비로소 나의 내면과 이웃 속에 담긴 깊은 삶의 이치들을 깨닫게 되지요. 특별히 글을 쓰는 일은 대상과 사물을 분석하면서 삶의 이치를 설명하는 작업이니 더 소중하고 가치가 있다고 말할 수 있습니다.

글쓰기의 유용성

자, 이제 글쓰기가 가진 장점들을 한번 이야기해볼까요? 우선 글을 쓰면 자신의 생각을 정리해볼 수 있습니다. 그리고 자신이 말하고자 하는 것이 무엇인지 알 수 있어요. 학자들은 인간의 의식이 매우 불안정하다고 봅니다. 생각은 이리저리 움직이지요. 이 생각을 했다가 저 생각을 하고는 합니다. 생각은 단편적이고 조각조각 나뉘어져 있어요. 담화인지학자인 체이프Wallace Chafe 교수는 인간의 의식은 연속해서 흐르는 것이 아니라 토막의 연속이라고 했습니다. 말하자면 끊겼다가 다시 이어지기를 반복한다는 것이지요.

우리가 사용하는 언어는 의식과 관련되어 있습니다. 우리가 의식하는 것(생각하는 것)이 바로 언어로 표현되지요. 그래서 언어 역시 토막의 연속이라는 것이 정설입니다. 텍스트를 보면 아니라고요? 여기서 말하는 것은 구어(말하기)입니다. 인간에게 부여된 자연적인 언어는 구어(말하기)이지요. 구어를 문자로 옮기면 토막토막 끊기는 말이 나옵니다. 논문을 읽어보면, 구어에서 주어와 서술어가 포함된 완전한 문장은 대략 20% 남짓밖에 되지 않습니다. 대부분 토막말이지요. '어', '뭐가 그래', '학교 갔어?', '밥 먹었어?', '알았어요' 등 토막말이 많습니다.

의식은 끊임없이 움직이지요. 사랑도 움직인다는데 의식은 훨씬 많이 움직입니다. 앞서 말한 체이프 교수는 현재 순간의 의식은 시각과 동일하다고 합니다. 우리는 이리저리 눈을 움직이면서 사물을 파악합니다. 그래서 우리 시각은 무엇을 모으고 정리할 시간적 여유가 없지요. 인간이 문자를 발명한 것은 바로 우리가 본 것을 모으고 정리하고 판단할 필요가 있었기 때문입니다. 글을 쓰는 것은 우리가 본 것, 읽은 것, 생각한 것을 정리하고 그것으로부터 새로운 지식을 얻을 수 있는 이점을 가집니다. 우리가 일기를 쓰는 것도 자신이 오늘 한 일을 정리하고 오늘 하루의 삶을 되돌아보기 위해서지요. 글을 쓰는 것은 자신의 삶, 경험과 지식을 정리하는 것을 말합니다. 다른 사람으로부터 들은 이야기를 모아서 우리는 새로운 정보를 얻거나 새로운 깨달음을 얻게 되지요.

글쓰기를 통해 정보를 축적해서 의미를 정리하는 것은 우리 학습에도 매우 중요합니다. 우리는 수업 시간에 강의를 듣고 노트에 필기를 합니다. 그리고 그 노트를 가지고 내용을 정리하고 필요한 것은 암기를 하지요. 많은 학습에서 짧은 단답형이나 간단한 문장, 그보다 더 긴 문장으로 된 글을 씁니다. 학습한 것을 정리하는 데 글쓰기만큼 중요한 것이 없기 때문이지요. 미국의 작문학자 애플비 Arthur N. Applebee 교수가 조사한 바에 따르면 미국의 모든 수업에서 학생들은 학습을 위해 다양한 글을 쓰고 있었습니다. 예를 들어 단답형의 글, 받아쓰기, 빈칸 채우기, 노트 필기, 요약, 분석 보고서, 시험 답안 등 한두 어휘의 단답형에서 여러 문장이 이어진 텍스트까지 다양한 글쓰기를 하고 있었습니다. 장르도 무척 다양합니다. 정보 전달의 글, 서사적인 글, 논증적인 글 등 다양한 글쓰기를 수행하고 있지요. 애플비 교수가 분석한 바로는 수업 시간의 약 40% 활동에 글쓰기가 포함되어 있다고 합니다. 심지어 과학 수업에도 수업 시간의 48% 정도가 적어도 몇 단어 혹은 문장 수준의 언어 기술을 요구하는 활동이 들어 있었다고 하지요. 자신이 관찰한 전체 교사의 1/3 이상이 한 단락 이상의 쓰기를 학생들에게 요구하고 있었습니다.

글쓰기는 학습 내용을 명료하게 해줄 뿐만 아니라 그동안 배운 여러 지식들을 통합하게 하고 그것들을 이해하기 쉽게 재구성하게 하기도 합니다. 그리고 이를 통해 앞으로 한 걸음 더 나아갈 지식을 발견하기도 합니다. 그래서 애플비 교수는 "학생들은 쓰기 과제가 끝났을 때 비로소 무언가를 배웠다고 말할 수 있다"라고 말하고 있습니다. 무언가를 배우려면 결국 글을 쓰고 정리해야 한다는 것이지요. 모든 지식을 우리 머릿속에 저장할 수는 없습니다. 그래서 노트에 필기하고 글을 써 시험을 봅니다. 대학에서 보는 시험의 대부분은 글을 써 답안을 만드는 것입니다. 고등학교처럼 사지선다형이나 오지선다형으로 시험을 보지는 않지요. 교수들이 보고서 쓰기를 매번 과제로 주는 것은 배운 지식을 얼마나 잘 이해하고 있는가를 평가하기 위한 것도 있지만 그 내용을 한번 정리해보라는 뜻도 있습니다. 하버드 대학에서는 한 학기에 14편에서 20편 정도의 글을 쓴다고 합니다. 글을 쓰지 않으면 우리는 지식을 습득할 수 없습니다. 또 논리적이고 탐구적인 사람도 되지 못합니다.

여러분, 현대와 같은 문명이 어떻게 가능했는지 돌이켜보면 인간에게 읽고 쓰는 능력이 얼마나 중요한 것이었는지 충분히 이해할 수 있습니다. 그리고 문서를 살펴보면서 비판도 하고 새로운 사실을 발견하기도 하며 지식과 과학을 발전시켰지요. 글을 잘 쓰는 사람은 글을 쓰면서 논리적 사고력을 향상시킬 뿐만 아니라 비판적 사고를 통해 새로운 지식을 만들어내기도 합니다. 그래서 오늘날 전문가들은 대체로 책을 읽고 글을 쓰는 사람이 많습니다. 어떤 분야의 전문가라고 하면 대체로 글을 통해 자기 분야의 전문 지식을 표현하는 사람이지요. 여러분도 어떤 분야든지 자기 분야에서 성공하고 전문가로 나아가기 위해서는 많은 책을 읽고 글을 쓰는 습관을 가질 필요가 있습니다.

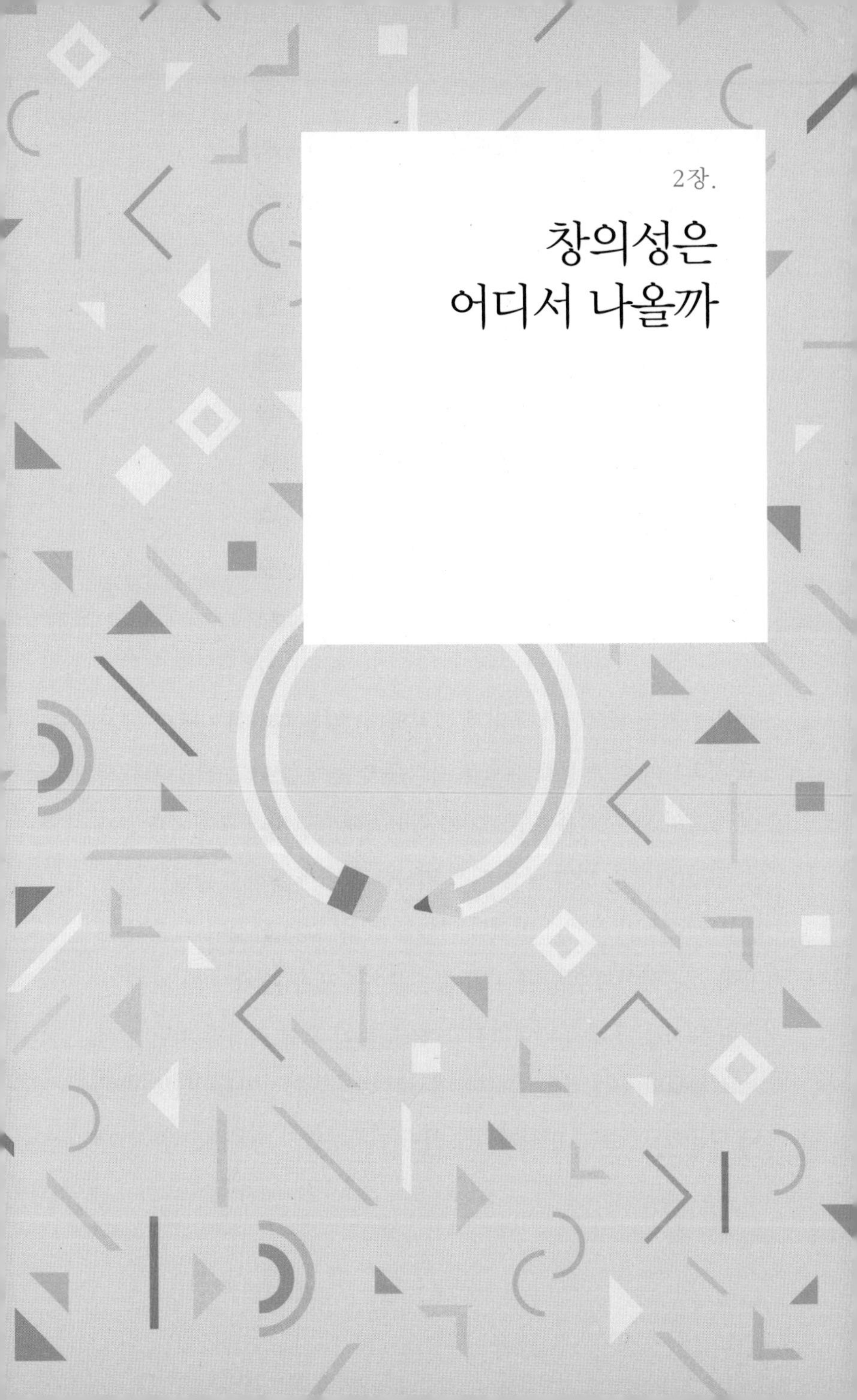

2장.

창의성은 어디서 나올까

로마와 고트족의 전쟁

앞에서 저는 글쓰기가 우리가 기억할 수 없는 다양한 내용을 모으고 정리하며 이를 통해 새로운 지식을 얻을 수 있다고 했습니다. 사실 세상의 모든 역사는 글쓰기가 있었기에 지금까지 우리에게 전해질 수 있었지요. 만약 글을 써서 역사를 후대에 전하지 않았다면 우리는 지금처럼 자세히 이전의 역사를 알 수 없었을 겁니다. 문자 사용이 보편적이지 않았던 시기에는 대부분 말을 통해(구전) 자기 부족의 역사를 후대에 전하였지만, 큰 나라의 오랜 역사를 이런 방식으로 전달할 수는 없을 겁니다. 역사는 대부분 역사가들이 연대별이나 인물별로 일목요연하게 정리하여 기록하였기 때문에 지금과 같이 자세하게 전달될 수 있었지요. 게다가 이런 역사를 이제 거리를 두고 찬찬히 따져보아 잘잘못을 가리고 비판할 수 있게 되었지요.

동로마제국 무찌른 난민들

동로마제국 황제 발렌스는 기원후 378년 정예군 3만 명을 이끌고 아드리아노폴리스로 향한다. 2년 전 로마 영토로 들어온 고트족을 제압하기 위해서였다. 황제가 이끄는 로마군과 야만인의 전투. 너무나도 뻔하지 않은가?

하지만 결과는 충격적이었다. 고트인들이 압승하고 2만 명 넘는 로마 군사가 목숨을 잃었으니 말이다. 더구나 제국 최고의 귀족들과 발렌스 황제 역시 살아남지 못한다. 아드리아노폴리스 전투가 로마제국 멸망의 시작점이라고 보는 역사학자가 많은 이유다.

그런데 아이러니하게도 고트족은 사실 발렌스의 초대로 제국에 들어왔다. 기원후 4세기 침입한 훈족을 피해 고트족은 유라시아 대륙 서쪽으로 피난하다 결국 로마제국 국경선에서 멈춘다. 훈족과 제국의 국경선 사이에 갇혀버린 수십만 고트족 난민은 굶고 얼어 죽기 시작하고, 결국 황제에게 청원한다. 자기들을 받아준다면 영원한 충성을 맹세하겠다고.

난민 수십만 명을 과연 감당할 수 있을까? 용감하기로 유명한 고트족 군인들이 탐났던 황제는 376년 이주를 허락하고 그들에게 식량과 돈을 보낸다. 하지만 이미 부패와 횡령으로 썩어빠진 로마제국 아니던가? 돈과 식량은 중간에서 모두 사라져버리고 고트족 남자들은 어린 딸과 아내가 굶어 죽는 모습을 보게 된다. 분노한 그들은 맹세한다. 제국을 무너뜨리겠다고.

세상과 역사는 잔인하고 정의는 없다. 더구나 부유한 국가 국민은 대부분 본인의 노력 없이 부와 자유를 누리고, 가난한 국가 국민은 잘못 없이 고통에 시달린다. 세계 최고의 부와 자유를 누리는 유럽연합EU 바로 근처의 중동과 아프리카.

전쟁과 가난에 시달리는 아프리카와 중동 난민들이 유럽으로 이주하려는 것은 너무나 당연하고, 또 자신의 부와 안전을 걱정하는 유럽인들의 두려움 역시 당연하다. 사실 풀 수 없는 문제이고, 모두에게 정의로운 답이 없기에 유럽연합의 미래를 걱정할 수밖에 없다.

– 김대식, 《조선일보》, 2018. 6. 27.

위의 글은 뇌과학자인 김대식 교수가 쓴 짧은 칼럼인데 로마의 역사 한 부분을 다루고 있습니다. 여기에 등장하는 시대적 배경은 로마가 동로마와 서로마로 나뉘고 난 직후입니다. 동로마제국 황제 발렌스는 훈족의 침략을 피해 로마 국경 내로 들어온 고트족을 받아들이고, 이들을 군사적·경제적으로 이용하고자 하지요. 유럽으로 침범해 온 훈족은 우리 교과서에도 자주 나오는 흉노족을 말합니다. 진시황이 만리장성을 세운 것도 이 흉노족을 막고자 하는 이유 때문이었습니다. 고트족은 먹고살 것을 마련해주겠다는 발렌스 황제의 약속을 믿고 로마 국경 안으로 들어왔지만 실제 이 약속이 지켜지지 않자 반란을 일으키게 됩니다(A.D. 376). 동로마제국의 황제 발렌스는 이 전쟁에서 목숨을 잃고 로마제국은 서서히 몰락의 길을 걷게 되지요. 고트족은 참 대단한 민족입니다. 원래 스칸디나비아반도에서 유래해 동유럽으로 갔다가 동고트족은 나중에 이탈리아반도를 점령했고, 서고트족은 스페인까지 이동해서 왕국을 세웠습니다. 오늘날 우리가 말하는 고딕 양식이라는 말도 고트족을 일컫는 말에서 나왔습니다.

이 칼럼에서 다루고 있는 내용은 고트족에 관한 것이지만 실제 주제는 다른 데 있어요. 로마와 고트족의 전쟁을 배경으로 오늘날의 문제를 다루고 있지요. 여러분 오늘날 시리아, 이라크, 아프리카 등지에서 발생한 난민들이 유럽으로 이주하기 위해 목숨을 걸고 지중해를 건너는 것을 뉴스로 많이 접했을 겁니다. 시리아 내전 이후 지중해나 소아시아 쪽을 통해 유럽연합 내로 들어오는 난민들이 급증하게 되었고, 이는 난민을 받아들이는 국가와 그렇지 않은 국가 사이의 갈등으로 번지기도 했지요. 과거나 오늘날이나 힘이 약한 국가의 국민들은 여러 가지 고초를 겪게 마련입니다. 약자에 대해 강자가 갖는 힘의 논리는 세상이 바뀌어도 여전합니다. 이 글의 필자는 과거의 역사와 오늘의 역사를 결합해서 힘이 약한 사람이 겪어야 하는 변함없는 세상의 논리를 설명하고 있어요.

의미와 의미의 결합

이 글에서는 글쓰기가 지니고 있는 창의성에 대해 이야기해볼까 합니다. 우선 앞의 예문을 보면 로마의 역사에 비추어 오늘날 약소민족이 겪는 고통을 설명하고 있어요. 또 필자는 이를 통해 인간 세상의 불합리함과 힘의 논리를 말하고자 합니다. 아마도 필자는 힘없는 민족이 겪어야 하는 고난과 고충을 사례를 들어 보여주고 이를 통해 우리에게 경각심을 주고자 하는 의도도 가지고 있을 겁니다. 중요한 것은 그런 주제를 마치 연설하듯 직접 말하지 않는다는 것이지요. 능숙한 필자일수록 자신이 말하고자 하는 것을 직접적으로 드러내지 않고 상황이나 사례, 근거, 이유 등을 통해 독자를 설득합니다. 독자들이 이를 통해 충분히 상황을 판단하고 그 주장에 대해 다양하게 생각할 기회를 주지요. 예를 들어 앞의 예문을 읽은 독자는 로마 시대 고트족의 불행, 오늘날 중동·아프리카 난민들의 고통, 우리의 상황 등을 비교해보면서 필자의 주장에 동의하든 그렇지 않든 판단을 하게 됩니다. 그래서 글쓰기는 가장 지적이면서, 융합적이고, 효과적인 소통의 도구라 할 수 있지요.

그런데 말입니다. 필자가 동로마와 고트족 사이의 전쟁과 시리아·아프리카 난민을 하나로 묶어 자신이 말하고 싶은 것을 어떻게 드러나게 했을까요? 어떤 상황과 상황을 연결시켜 어떤 의미를 만들어내는 것은 글쓰기가 지닌 가장 중요한 특성 중 하나입니다. 이것은 말을 통해서는 이룰 수 없는 특징 중의 하나이지요. 앞에서 말했지만 글은 여러 상황이나 사건, 개념들을 결합할 수 있으며, 이를 통해 어떤 생각(주제, 개념)을 만들 수 있어요. 여러 자료들과 이야기, 개념들이 다양하게 융합되면서 다양한 생각들을 만들어내는 것이 글쓰기가 가진 특성이라고 말할 수 있으며, 이런 것들이 창의성을 만들어내지요.

창의성 하면 모든 사람이 어렵게 생각합니다. 창의성이 있어야 한다는 말은 많은데 그 창의성이 무엇인지 알 수 없는 경우가 많지요. 여러 책들을 보면 창의성을 규정하는 요소 중 두 가지가 공통적으로 가장 많이 언급됩니다. 하나는 '새로움'(독창적, 독특한, 신선한,

기발한, 예기치 못한)이고 다른 하나는 '적절함'(유용한, 가치 있는, 의미 있는, 합리적인)입니다. 두 가지 중 어느 하나라도 빠지면 창의적이지 못하다는 뜻이 됩니다. 이 말은 충분히 이해가 됩니다. 창의성이 새로운 것, 독창적인 것을 말한다지만 그것이 적절하거나 합리적이지 않다면 의미가 없습니다. 환경을 개선하기 위해 자동차를 없애고 마차를 타고 다니자고 한다면 창의적인 발상이라 할 수 없겠지요. 복잡한 현대 사회에서 마차로 모든 사람을 이동시킬 수는 없으니 실현 불가능한 일이라 할 수 있습니다. 독창적이라 하더라도 어디까지나 적용하기에 적절하고 타당해야만 하지요.

언어와
창의성의 관계

글을 쓰는 것은 창의성과 어떤 관련이 있을까요? 이미 훔볼트나 데카르트, 촘스키 같은 학자들은 창의성의 근원에 언어가 있다는 사실을 간파했습니다. 인간은 제한된 어휘를 가지고 무한한 감정, 무한한 생각을 표현해낼 수 있어요. 그래서 어떤 창의성이라 하더라도 일단 언어의 힘을 빌리지 않으면 불가능하지요. 인간을 생각하는 존재라고 말한다면 그 생각의 대부분은 언어에서 나온다고 보아야 합니다.

예를 들어 우리가 창의성을 '새롭게 의미를 만들어내는 것Create new meaning'으로 규정해봅시다. 새롭게 무언가에 대해 규정하고 설명하고 판단하려면 일단 언어의 힘을 빌릴 수밖에 없어요. 사물을 판단할 때 비슷한 것, 유사한 것이 무엇이 있었지 하고 생각하는 것 자체가 언어의 연상 작용을 요구하는 것입니다. 흥분되거나 기쁘거나 슬프거나 모두 언어를 이용하고 비유, 대조, 통합, 분석, 예시 등 언어의 기능을 사용해야만 해요. 여러 공학자들은 언어를 이용해 사물을 설계하고 해석하여 새로운 물건을 만들기도 하지요. 많은 공학자들이 새로운 물건을 만들기 위해 설계 단계에서부터 글쓰기를 사용한답니다.

앞서 말한 대로 글쓰기는 말하기의 활동과 다르게 흩어져 있는 생각을 모으고 정리할 뿐만 아니라 이를 통해 새로운 생각을 할 수 있도록 만들어줍니다. 글쓰기가 지식을 모아, 지식을 다른 지식과 비교하고, 새로운 지식으로 바꾸는 역할까지 하게 되는 것이지요. 여러분이 수업 시간에 열심히 노트를 하고 정리를 하면서 시험을 보기 위해 따로 핵심 이론과 쟁점을 기록하는 작업이 언어가 가진 이런 창의적 과정을 잘 보여주는 것입니다.

그런데 글쓰기를 통해 생각을 정리하고 만드는 것은 우리가 살아오면서 느꼈던 경험, 또 우리가 책을 읽으며 배웠던 지식을 새롭게 또 다른 통찰이나 생각으로 이어지게 만들어주기도 합니다. 아래 예문을 한번 읽어볼까요?

호모 심볼리쿠스

소설가 워크 퍼시는 인간을 호모 사피엔스인 동시에 호모 심볼리쿠스라고 말했다. 인간은 상징을 만드는 존재라는 것이다. 인간이 상징을 사용하는 것은 자신의 삶과 경험에 의미를 부여하고자 하는 행위와 관련이 있다. 내 행동이 무엇이며, 내 삶에 어떤 의미가 있는지 돌아보고 생각하는 것은 인간만이 가진 특성이다. 어떤 동물도, 어떤 다른 유인원도 그러하지 못했다.

기원전 4만 년경 호모 사피엔스는 지하 동굴에 수많은 동굴 벽화를 그렸다. 자신들과 마주친 수많은 동물들과 여러 추상적 기호를 남겼다. 유명한 알타미라 동굴에는 역동적인 들소와 사슴의 그림, 알 수 없는 많은 기호들이 지금도 남아 있다. 사물을 묘사하고 상징적 기호를 사용한 능력은 네안데르탈인보다 상대적으로 왜소한 호모 사피엔스가 살아남아 인류의 원조가 된 원인이 되었다. 호모 사피엔스란 말 자체가 "지혜가 있는 사람"이란 뜻이다.

리처드 도킨스는 인간과 동물을 구분해주는 것은 근본적으로 문화적 진화 때문이라고 말한 바 있다. 인간은 생물학적 진화만이 가능한 다른 동물들과 달리 대상을 분석하고, 해석하며, 의미를 창조하여 전달하는 문화적 진화가 가능하다. 개인의 사적인 생각을 상징적 기호에 담아 공적인 인식 체계로 연결하여 문명을 이룬 것이다. 또 도킨스는 유전자적 시각으로 보았을 때 인간은 어떤 생물과도 다를 바 없는 '생존 기계'라고 말했다. 그러나 유전적 진화만을 반복하는 다른 생물과 달리 인간은 자신에 관한 반성과 세계에 관한 탐구를 통해 이전보다 더 나은 삶을 만들어갈 수 있다.

인간의 문화적 진화에 언어 사용이 결정적인 역할을 했다는 것은 변함없는 사실이다. 그중에서도 읽고 쓰는 능력은 인류가 지금과 같은 문명적 진화를 이룰 수 있도록 해준 원동력이 되었다. 우리는 언어를 조합하고 문장을 만들어 새로운 생각과 개념, 감정 등을 무한히 표현해낸다. 과학자는 논문을 만들어내고 소설가는 우리가 경험하지 못한 세계를 창조한다. 시인은 자연의 경이를 순간적 감각으로 포착해낸다. 동굴 속의 그림은 오늘날 문자 언어로 재창조되었다.

홈볼트나 데카르트는 언어를 통해 새로운 세계를 만들어내는 창의성을 인간의 본질적 속성으로 취급했다. 우리는 2,800

년 전에 호메로스가 쓴 〈일리아드〉의 이야기를 지금도 듣고 있다. 또 지금 우리는 매일 글을 쓰면서 새로운 〈일리아드〉를 만들어낸다. 우리가 쓴 글은 누군가 읽을 것이다. 누군가 만들어낸 세계를 우리 모두가 공유할 수 있는 것은 우리가 호모 사피엔스의 후예, 호모 심볼리쿠스이기 때문이다.

- 정희모, 《세계일보》, 2020. 5. 28.

기원전 4만 년경에 유인원은 두 종류가 있었다고 합니다. 그것은 바로 네안데르탈인과 호모 사피엔스입니다. 오늘날 우리 인류의 조상은 누구일까요. 예, 호모 사피엔스입니다. 그러면 네안데르탈인은 어떻게 되었느냐고요? 네안데르탈인은 호모 사피엔스보다 더 뛰어난 신체 조건을 가졌음에도 불구하고 지구상에서 완전히 사라졌지요. 많은 학자들은 어떻게 호모 사피엔스가 네안데르탈인을 이기고 오늘날 우리 인류의 조상이 되었는지 궁금해합니다. 호모 사피엔스는 자신들이 사냥한 동물들을 여러 색채로 정교하고 사실적으로 그린 유명한 동굴벽화(알타미라 동굴벽화)를 남겼습니다. 그들은 자신을 표현하고자 하는 상징적 욕구를 가졌고 소규모 집단이 모여 종교 의례도 지냈지요. 자기를 표현하고자 하는 상징성이야말로 인간이 자기 스스로를 발전시키는 도구라 할 수 있지 않을까요.

인간의 문화적 우월성은 언어 사용과 밀접한 관계가 있습니다. 언어를 사용하여 내 생각을 타인에게 전달하고 또 스스로 내 생각을 정리하면서 미처 생각지 못했던 생각도 가능해졌지요. 인간의 언어 사용, 특히 읽기와 쓰기는 호모 사피엔스로부터 시작된 인류의 여정이 짧은 기간에 엄청난 비약적 발전을 이룰 수 있는 계기가 되었습니다. 매리언 울프Maryanne Wolf나 니컬러스 카Nicholas Carr와 같은 학자들은 기원전 8000년 전부터 시작된 문자의 사용이 시각 담당 피질과 감각 기관을 연결시키고 뇌 속에 새로운 신경회로를 만들어 시각적·개념적 인지 능력을 발현할 수 있었다고 보고 있습니다. 한마디로 읽기·쓰기를 통해 뇌의 새로운 신경회로가 만들어져 오늘날과 같이 똑똑한 인간들이 나올 수 있었다는 것이지요. 인간은 문자를 읽고 쓰면서 추론이나 분석 능력이 생겼고, 이를 통해 엄청난 지식의 발전을 이룰 수 있었습니다.

위의 예문은 인간이 상징적 기호를 사용해서 자기반성과 자기 탐색이 가능했기 때문에 문명이 발전할 수 있었다는 점을 잘 암시하고 있습니다. 리처드 도킨스가 말한 문화적 진화가 인간만이 가진 특징으로 오늘과 같은 문명적 진화를 이룬 바탕이 되었다면, 그 중심에 읽기와 쓰기가 있지요. 여러분, 르네상스 이후 불과 300~400년 사이에 지금과 같은 엄청난 문명적인 발전을 하게 된 원인에 출판문화가 자리 잡고 있다는 것을 잘 알고 계시죠. 책을 인쇄해서 다량으로 발간이 가능해지면서 많은 독자가 생겼고 또 필자도 많아졌지요. 많은 사람이 읽고 쓰게 된 것입니다. 쓰기를 통해 창의성이 엄청나게 발전한 것도 이 시기부터였지요.

이렇게 보면 우리 생각의 창의성이 상당 부분 읽기와 쓰기의 언어적 작용에 의존하고 있다는 것을 알 수 있어요. 저도 어떤 일에 아이디어가 생각나지 않을 때 관련된 내용을 종이에 정리하고 이와 관련된 생각들을 하나씩 적어봅니다. 그러면 불현듯이 해결책들이 떠오르기도 합니다. 앞에서 우리 생각은 조각조각 나누어져 있어 잘 연결되지 않는다고 했습니다. 글로 표현해야만 우리가 미처 생각하지 못한 사고의 영역을 끄집어낼 수가 있답니다. 브레인스토밍을 통해 새로운 아이디어를 얻는 것도 이런 과정 때문입니다. 창의성에 관한 책을 보면 흔히 나오는 '다빈치 기법', '개념 사다리', '상황 이면 보기', '상황 연관 짓기' 등의 방법은 모두 쓰기를 이용해 창안하는 방법이지요. 쓰기는 창의성을 발휘하기 위한 첫 번째 과정이라고 말할 수 있어요. 쓰기와 창의성의 관계에 대해 설명했으니, 다음에는 글쓰기에서 창의성은 어떻게 유래하는지 생각해보도록 합시다.

지식, 구성력, 문장력

글쓰기의 창의성은 역시 무엇을 어떻게 말하는가에 달려 있습니다. 이전에 출간된 책에서 저는 글쓰기에서 지식, 구성력, 문장력 중 어느 것이 가장 중요한가를 독자들에게 물어본 적이 있습니다.

- 세계를 깊이 있게 분석해낼 수 있는 지식
- 현상과 세계를 적절히 조직해낼 수 있는 구성력
- 생각과 사고를 문자로 표현할 수 있는 문장력

학생들에게 물어보면 대체로 세 가지를 비슷비슷하게 선택합니다. 주제를 구성하는 지식이나 조직하는 구성력, 좋은 문장을 쓰는 문장력이 모두 중요하게 보인 것이지요. 저의 대답은 지식이었습니다. 왜냐하면 글은 결국 어떤 내용을 전달하는 것이고 그 내용의 질이나 수준에 따라 좋은 글의 유무가 판가름 나기 때문이지요. 구성력이나 문장력도 중요하지만 무엇보다 전달하고자 하는 메시지가 가장 중요합니다. 그래서 좋은 글을 쓰기 위해서는 무엇보다 독자를 사로잡을 의미 있는 주제가 필요합니다. 좋은 주제를 만드는 것은 글쓴이가 얼마나 많은 교양이나 상식, 지식을 갖고 있는가와 연관이 있습니다.

가끔 학생들에게 아래와 같은 글의 주요 특성 중 어떤 것을 중시하여 볼 것인지 물어보기도 합니다.

정보성, 심미성, 가독성, 교훈성, 지성성, 논리성, 흥미성, 독창성

학생들의 대답은 각양각색이지만 대체로 중시하는 요소들이 몇 가지 드러납니다. 가독성, 교훈성, 독창성과 같은 것을 중요하게 여깁니다. 그런데 이들 요소들은 꼭 어느 것이 중요하다 말하기 힘든 부분도 있어요. 왜냐하면 글의 목적이나 장르에 따라 성격이 달리 나타날 수 있기 때문이지요. 예를 들어 문학적인 장르는 심미성이

무엇보다 중요하고, 생활용품의 설명서 같은 경우에는 정보성이 무엇보다 중요하겠지요. 앞에서 우리가 다루었던 칼럼류의 글에서는 교훈성이나 철학성, 독창성 같은 것이 중요할 겁니다. 물론 흥미성, 교훈성, 독창성 같은 요소는 모든 글에서 다 필요할 겁니다. 시각적 매체가 늘어나면서 흥미성이나 가독성, 독창성이 보다 중요해졌습니다. 이전의 독자와 지금의 독자는 다릅니다. 인터넷과 같은 매체가 발달하면서 볼 것이 많아진 지금 독자는 웬만해선 어떤 내용에 흥미를 느끼지 않습니다. 독자가 이전보다 훨씬 까다로워진 것이지요.

여러분, 학교에서 배웠던 염상섭의 유명한 소설 《삼대》가 신문소설이었다는 사실을 알고 있나요? 1931년 1월부터 9월까지 식민지 시기 《조선일보》에 연재된 소설입니다. 《삼대》에는 긴 문장이 많아 좀 지루하게 느낄 부분이 많습니다. 그래도 당시의 독자는 아주 재미있게 읽었답니다. 지금이라면 아마 그렇게 흥미롭게 읽지는 못할 가능성이 많아요. 지금 독자들은 이야기 전개가 빠르고, 사건이 복잡하면서 흥미진진해야 관심을 보입니다. 그런 점에서 본다면 지금 독자는 이전 독자보다 더 까다롭고 힘든 독자라고 할 수 있지요. 지금은 글의 서두부터 흥미로워야 합니다. 그래서 앞서 말한 대로 흥미성, 가독성, 독창성이 더 중요해졌지요.

인문학적 지식과 지성성

앞에서 말한 글의 여러 가지 특성 중 제가 중요시하여 보는 것은 지성성智性性입니다. 국어사전에 나오지는 않지만 '지적으로 의미가 있는', '인문학적으로 가치가 있는' 정도로 해석하면 되겠습니다. 우리가 어떤 문제를 볼 때 어떤 시각으로 보느냐에 따라 해석의 경향이 달라집니다. 지성성이라고 하는 것은 어떤 문제를 지적으로 해석하고 이를 통해 문제를 푸는 경향을 말합니다. 앞에서 보았던 김대식 교수의 글이 그러합니다. 어떤 문제를 지적으로 해석하고 풀기 위해 반드시 필요한 것은 다양한 분야에 관한 지식이 많아야 하며 이를 습득할 수 있는 능력이 있어야 합니다. 김대식 교수의 칼럼에서 보듯 중세나 현대의 역사에 관한 지식도 있어야 하고, 이외에도 심리·문화적 지식을 비롯한 다방면의 인문학적 지식과 과학적 지식이 요구됩니다. 이런 지식이 있으면 어떤 문제에 관해 글을 쓸 때 금방 주제를 찾아낼 수 있습니다.

주제에서 벗어난 감이 있지만 이런 지식을 갖추기 위해 무엇보다 여러분에게 독서의 중요성을 강조해야 할 것 같아요. 우리가 다방면에 다양한 지식을 얻기 위해서는 많은 독서가 필요합니다. 책을 읽는 것에 대한 강조는 우리가 너무 많이 들었기 때문에 식상할 정도이지요. 그렇지만 우리가 한번 생각해볼 필요는 있어요. 왜 많은 사람이 그렇게 독서를 강조하는지를요.

우리가 잘 아는 철학자 데카르트는 "좋은 책을 읽는 것은 과거 몇 세기의 가장 훌륭한 사람들과 대화를 나누는 것과 같다"라고 말했습니다. 이 말의 뜻은 우리가 책을 읽음으로써 위대한 선인들의 생각을 나누어 받는다는 말입니다. 책을 읽음으로써 우리는 지금까지 쌓아온 인류의 다양한 지식의 보고를 전수받게 됩니다. 이를 통해 우리는 세상의 만물을 새롭게 보고, 그 의미를 따질 수 있는 지식을 얻게 됩니다. 좋은 주제를 만들기 위해서는 이런 지식이 필요합니다. 많은 것을 알고, 많은 것에 의문을 가지고, 많은 것을 따지며, 해결책을 얻기 위해 많은 것을 생각해야 합니다. "나는 생각한다, 고로 나는 존재한다"란 데카르트의 말처럼 무엇이든 쉽게 인정하지 말고, 옮고 그름을 따져야 하며, 이런 이치를 알기 위해 독서가 필요한 것이지요.

이 책이 독서의 중요성을 언급하는 책이 아니기 때문에 이에 관한 이야기는 조금만 하고 멈춰야 할 것 같습니다. 그래서 독서의 필요성 중 아주 중요한 한 가지만 첨언하고자 합니다. 우리가 독서를 해야 하는 이유 중에서 여러분이 잘 모르는 것은 독서가 글쓰기의 언어 능력을 향상시켜준다는 것입니다. 유명한 인지심리학자인 켈로그Ronald T. Kellogg 교수는 좋은 글을 쓸 수 있는 요인을 분석한 실험에서 가장 중요한 것이 언어 지식Language knowledge라고 말했어요. 여러 실험을 통해 언어 지식이 높은 학생일수록 좋은 글을 쓸 확률이 높다는 것을 밝혀냈지요. 언어 지식이란 언어 독해와 언어 분석, 언어 작성 등에서 능력을 발휘하는 지식을 의미합니다. 좀 쉽게 말하자면 언어를 다룰 줄 아는 능력이 있는 학생들이 좋은 글을 쓸 수 있었다는 것입니다. 이는 또 글을 많이 다루어본 사람이 더 좋은 글을 쓸 수 있다는 말과 상통합니다. 글을 많이 다루는 신문 기자나 소설가들이 좋은 산문을 쓸 수 있는 것도 같은 이치입니다.

독서와 글쓰기

독서와 글쓰기는 어떤 상관이 있을까요? 많은 매체에서 글을 잘 쓰기 위해 책을 많이 읽으라고 하는데 이는 틀린 말이 아닙니다. 우리는 책을 보면서 우리 모국어가 어떤 어휘를 사용하는지, 어떤 문장으로 의미를 만들어내는지를 우리가 모르는 사이에 습득합니다. 어휘의 미묘한 뉘앙스나 문장의 구성 방법을 알게 모르게 터득하는 것이지요. 특히 성장기에 독서를 많이 하면 모국어의 언어 사용 방법을 자연스럽게 익히게 됩니다. 강의를 하면서 중고교 시절에 외국에 나가 있었던 학생들이 국어 사용의 미묘한 측면을 이해하지 못해 어려움을 겪는 경우를 종종 봅니다. 일상생활에는 지장이 없지만 수능 국어영역과 시험에서는 좋은 성적을 얻지 못하는 경우가 있습니다. 한국어의 어휘나 문장이 가진 미세한 차이를 잘 느끼지 못해서이지요. 이런 경우는 한국어 어휘를 폭넓게 습득해야 하는 시기에 독서를 할 수 없었기 때문입니다. 독서는 우리의 언어 지식을 기르는 기본 바탕이 됩니다. 독서를 많이 한 사람이 글도 잘 쓴다는 말은 일리가 있는 말입니다.

제가 경험했던 이야기를 한번 해드릴까 합니다. 오랫동안 글쓰기를 강의하면서 가장 기억에 남는 학생이 한 명 있습니다. 그 학생은 글을 너무 잘 써서 항상 최우수 평점(A+)을 받곤 했습니다. 서론에 있는 부분을 결론으로 보내도 그에 맞게 글을 척척 고치곤 했지요. 글의 내용도 참 괜찮았습니다. 한마디로 글을 정말 잘 쓰는 학생이었어요. 제 글쓰기 수업에서 최고 성적을 받은 것은 당연했습니다. 수업이 끝나고 한참 후 겨울방학에 그 학생을 만났는데 학년 전체에서 최우수 평점을 받아 장학금을 받게 되었다고 하더군요. 글을 잘 쓰니 그럴 수 있겠다고 생각했습니다. 저는 반갑게 그 학생과 이야기를 나눌 수 있었어요. 내가 궁금했던 것은 어떻게 이렇게 글을 잘 쓸 수 있게 되었냐는 것입니다. 학자적인 호기심도 있었고 실제 그 이유가 궁금하기도 했어요.

그 대답은 바로 독서였습니다. 그 학생의 대답은 자신도 모르지만 한 가지 생각나는 것은 어릴 적부터 책을 많이 읽었다고 하더군요. 그 학생의 부모가 교사였고 응접실에 TV를 치우고 서재를 만들었는데 책장 가득 책이 있었다고 합니다. 초등학교, 중학교 시절 그 응접실에 있는 책 전부를 다 읽었다고 하더군요. 자기가 다른 학생과 다른 점은 그것 외에는 없다고 했습니다. 학술적으로 증명을 했으면 좋겠습니다만, 제가 만난 글을 잘 쓰는 학생들은 대부분 독서를 많이 한 친구들이었습니다. 책을 많이 읽는 것은 우리에게 많은 지식을 전해줄 뿐만 아니라 언어적 감각을 얻도록 도와줍니다. 좋은 글을 쓰기 위해, 지적인 글을 쓰기 위해, 독창적인 글을 쓰기 위해 독서는 반드시 필요합니다.

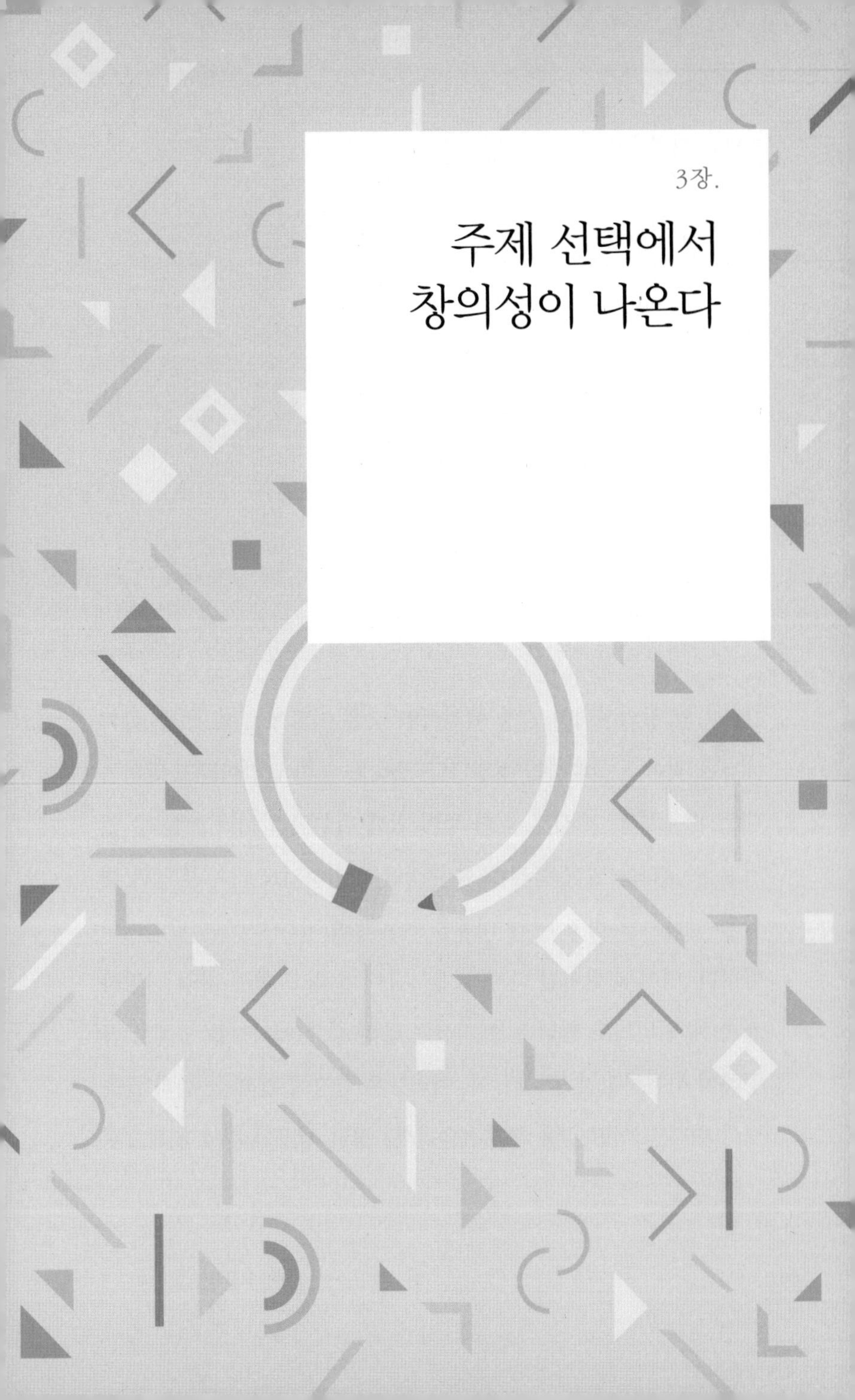

3장.

주제 선택에서 창의성이 나온다

버핏의 경기장

글쓰기의 창의성에서 가장 핵심적인 것은 어떻게 글의 주제, 글의 내용을 찾아내느냐 하는 것입니다. 우리가 흔히 글감이라고 말하는데 주제나 내용, 메시지, 테마 등이 함께 뒤섞인 말이라고 볼 수 있지요. 주제라는 말은 글의 핵심 주장을 의미하기도 하지만 글의 대상을 말하기도 하고 글의 내용을 폭넓게 인정하여 쓰는 말이기도 합니다. 영어 표현이긴 하지만 메시지message라고 하면 가장 선명하게 이해가 되기도 합니다. 여기서는 글의 주요 메시지를 주제로 규정하여 사용하고자 합니다. 자, 여러분은 환경에 관해 한 편의 글을 써야 한다면 어떤 글을 쓰시겠습니까? 정말 생각이 깊고 지적으로 우수하다고 말할 수 있는 주제를 찾기는 쉽지가 않습니다.

'버핏의 경기장'을 넘어서

자기 재산 대부분을 자선단체에 기부하겠다는 '투자의 현인' 워런 버핏의 선언이 최근 미디어의 눈길을 크게 끌었다. 몇몇 언론은 버핏의 이 결정을 삼성이나 현대차 그룹 '오너'의 행태에 견주며 우리 기부 문화의 척박함을 한탄하기도 했다. 아닌 게 아니라 한국 기부 문화를 지탱해온 것이 주로 '김밥 할머니' 들이었다는 데 생각이 미치면, 그 속사정이야 어떻든 외국 부자들의 기부 문화에 부러운 구석도 있다. "내 자식들은 능력주의를 지향하는 이 사회에서 엄청나게 유리한 출발을 했다. 거대한 부의 대물림은 우리가 평평하게 만들어야 할 경기장을 더욱 기울어지게 할 것"(경제지 《포천》과의 인터뷰)이라는 버핏의 멋진 말을 우리 사회 부자들에게선 듣기 어렵다.

그러나 버핏에 대한 이 환호는 '나눔의 방식'에 대한 논점 하나를 흐려버릴 수 있다. 그것은 가난 퇴치가 부자들의 기부를 통해, 그들의 자선을 통해 이뤄져야 하는가 하는 점이다. 기부에 바탕을 둔 자선사업을 선양하는 것은 사회적으로 덜 혜택받은 사람들을 일종의 '구걸자'로 만드는 것이다. 자선의 아름다운 손길 뒤에는 음험한 위계 철학이 웅크리고 있다. 가난한 사람은 부자의 너그러움과 친절에 기대어 살아가게 마련이라는 생각 말이다. 그러나 부富는 '환원'의 대상이 아니라 '분배'의 대상이다. 그리고 그 분배의 엔진은 개인의 너그러움이 아니라 공동체의 법이다. 가장 너그러운 부자들도 듣기 싫어하는 '세법' 말이다. 기술적 문제들을 잘 풀어나가며 부자들에게 세금을 걷을 만큼 걷어 이를 온전히 서민 복지에 쓴다면, 부자들이 굳이 기부나 자선사업을 해야 할 이유가 없다. 그리고 프랑스 사회학자 피에르 부르디외의 말마따나 '국가의 왼손'(복지 관련 부처들)은 과거의 사회 투쟁이 국가 한복판에 남겨놓은 흔적이므로, 서민들 역시 부자들에게 고마워해야 할 이유가 없다.

위에 인용한 버핏의 인터뷰 발언을 나는 '멋진 말'이라 추켜세웠다. 그러나 그것은 그 정도 말조차 할 줄 모르는 우리 사회 부자들을 생각하면 그렇다는 얘기다. 버핏은 자기 자식들이 살아갈 사회 곧 미국 사회를 '능력주의를 지향하는 사회'라 규정했다. 능력주의 사회는, 말할 나위 없이, 갖가지 불합리한 연줄로 사람의 값어치가 매겨지는 사회보다 좋은 사회다. 능력은 마땅히 보상받아야 한다. 만약에 능력이 아무런 덤의 보상을 받지 않는다면 누구도 능력을 키울 생각을 하지 않을 테고, 그런 사회가 퇴락할 것은 정한 이치다. 그런 한편, 그 보상의 차이가 능력 차이보다 터무니없이 커서는 안 된다는 점도 엄연하다. 그것이 정의감각에 부합한다. 더욱이, 버핏의 고백대로, 부자의 자식들이 능력주의 사회에서 '엄청나게 유리한 출발을 하게 마련'이라면 말이다. 그러나 실제에서는, 능력주의가 견고한 사회일수록, 보상 차이는 능력 차이보다 훨씬 더 커지기 쉽다.

이런 '쏠림'은 이른바 '슈퍼스타의 경제학'이 고스란히 작동하는 연예계나 프로스포츠계에서 두드러지지만, 이미지가 구매심리를 주무르는 현대의 시장 일반에서 흔히 볼 수 있는 일이다. 1등과 2등의 능력 차는 아주 작을 수 있지만, 그들이 받는 보상의 차이는 터무니없이 크다. 그 차이를 줄여 사회 갈등을 누이는 것이 세법이다.

미국 자유주의 철학자 존 롤스는 이른바 '사회적 일차 상품'(자유, 기회, 소득, 부, 자존감 따위)을 둘러싼 갈등을 조정하기 위해 '정의의 원칙들'이라는 분배규칙을 고안한 바 있다. 그 원칙 하나는 "모든 사회적 일차 상품들은 이것들의 일부 또는 전부의 불평등한 분배가 최소 수혜자의 이득이 되지 않는 한 평등하게 분배돼야 한다"는 것이다.

버핏이 꿈꾼 '평평한 경기장'은 '부자의 자식들에게 유리하게 더욱 기울어진 경기장'보다는 정의로운 경기장이다. 그러나 더 정의로운 경기장은 '서민의 자식들에게 유리하게 약간 기울어진 경기장'일 것이다.

- 고종석, 《신성동맹과 함께 살기》, 개마고원, 2006.

위의 글의 주제는 맨 마지막 단락에 있는 부분, '서민의 자식들에게는 평평한 경기장이 아니라 약간 기울어진 경기장이 필요하다'입니다. 이를 주장하기 위해 이 글은 몇 가지 논리적 단계를 두고 있습니다. 처음 서두는 기부 문화에 관한 이야기를 하고 있습니다. 미국의 주식투자자인 워런 버핏이 자신의 재산 대부분을 기부하겠다는 신문 기사를 화제로 이 글을 시작합니다. 워런 버핏은 천문학적 금액에 이르는(2006년 당시 약 440억 달러)에 이르는 자신의 재산 중 약 85%를 자선단체에 기부하겠다고 선언한 바 있습니다. 이 칼럼은 이런 기사를 바탕으로 해서 주제를 끌어왔습니다.

1. 화제 제시 : 워런 버핏의 기부 선언

⇩

2. 기부 문화에 관한 비판적 문제 제기

⇩

3. 능력주의 사회의 문제점

⇩

4. 능력주의 사회의 문제 해결책 1 : 세법

⇩

5. 능력주의 사회의 문제 해결책 2 : 롤스의 정의 원칙

⇩

6. 주제 제시 : 기울어진 운동장

이 글의 주제는 아마 당시 화제가 된 워런 버핏의 기부에 관한 언론 기사에서 나왔을 것입니다. 이 글을 쓴 직전에 여러 언론과 방송에서 워런 버핏의 기부에 관한 기사들이 보도되었습니다. 워런 버핏은 죽은 아내와의 약속을 지키기 위해 당시 자신의 재산 440억 달러의 약 85%에 해당하는 360억 달러 상당을 자선단체에 기부하기로 했습니다. 우리 돈으로 환산하면 약 36조 원이 되는 어마어마한 돈입니다. 이 글에는 우리나라 기부 문화의 척박함을 비판하는 내용이 들어 있습니다. 우리나라에도 사회 공헌에 힘을 쓰며

노블레스 오블리주를 실천하는 기업가도 있지만 워런 버핏처럼 그렇게 전 재산에 가까운 금액을 기부하는 사람은 드물지요.

여러분이 이런 기사를 보고 글의 주제를 찾았다면 어떤 것을 찾을 수 있을까요? 아마 대부분은 우리나라의 기부 문화에 대해 반성하는 내용의 주제를 찾지 않았을까요? 이 글의 필자가 찾은 것은 그보다 한 단계 더 나아간 것입니다. 기부 문화로 사회적 불평등이 과연 해결될 수 있을까요? 사회적 선의로 사회 구조의 문제를 모두 해결할 수 있을까요? 그럴 수는 없을 겁니다. 그래서 많은 국가들은 누진세율을 통해 더 많은 수입을 올리는 사람들이 더 많은 세금을 내도록 하고 있지요. 이 글의 필자는 이런 누진세율과 같은 조세 제도만으로 사회적 불평등을 해소할 수는 없으며, 보다 근본적인 인식의 전환이 필요하다고 봅니다. 그래서 '존 롤스의 정의론'도 이야기하며, '기울어진 운동장'이란 이야기도 하고 있습니다. 이 글의 필자는 사회적 불평등을 해소하기 위해 보다 적극적인 사회적 인식이 필요하다는 점을 주장하고 있어요. 마지막 문장 "더 정의로운 경기장은 '서민의 자식들에게 유리하게 약간 기울어진 경기장'일 것"이라는 표현에서 주장하는 바를 알 수 있습니다.

주제를 찾는 방법

여러분은 글을 써야 할 때 주제를 어떻게 정하나요? 대강 제재가 주어지면 머릿속으로 이것저것 생각해보다 그냥 정한다고요? 아니면 관련된 자료를 막 뒤져본다고요? 주제를 정하는 것은 정말 어렵지요. 주제가 글의 평가에서 대부분을 차지하는데 아무런 주제를 쓸 수도 없지요. 주제나 글감, 글의 재료는 모두 같이 움직이기 때문에 글의 주제를 잘 정해야 전체 글이 좋아집니다. 우선 우리가 주제를 찾는 방법은 크게 보면 두서너 가지로 생각해볼 수 있습니다. 첫째는 먼저 자신이 아는 지식을 총동원해서 주제를 먼저 정하고 개요를 하나씩 짜는 방법입니다. 둘째는 자료를 뒤져 적당한 주제와 글감을 찾아내는 방법입니다. 셋째는 이도저도 아니고 대강의 범위를 정해 그냥 작성하다가 주제를 발견해내는 것입니다. 물론 주제를 정하는 모든 경우를 일반화하여 규정하기란 어려울 겁니다. 사람마다 가지고 있는 지식이 다르고, 쓰는 방법도 차이가 있으니까요.

주제를 생각을 통해 찾아내는 것은 아무리 지식이 많아도 쉽지는 않습니다. 우리가 머릿속으로 많은 것을 기억하고 있다고 해도 그것을 깊이 있는 주제로 만드는 데는 한계가 있습니다. 앞에서도 말했지만 우리 기억은 단편적이고 조각으로 나뉘어져 있어 논리 정연한 주제를 찾기란 정말 힘이 듭니다. 그래서 우리는 브레인스토밍brainstorming을 하고 매핑mapping을 하면서 우리 머릿속에 있는 정보를 끄집어내어 논리들을 찾고 정리하고자 합니다. 만약 생각을 통해 주제를 찾고자 한다면 반드시 노트나 메모, 브레인스토밍, 매핑 등을 사용해서 정리를 하여야 합니다.

여기서 메모의 중요성을 다시 한번 강조해야 할 듯합니다. 주제나 아이디어는 어느 때든, 어느 곳이든 불현듯이 나타나는 경우가 있기 때문에 메모하는 습관은 정말 중요합니다. 예를 들어 볼까요. 영문학자이자 작가인 루이즈 디살보Louise DeSalvo는 자서전적인 이야기 《브레드레스Breathless》라는 책을 쓰고 있었어요. 그러던 어느 날 영화 〈브레드레스〉를 보기 위해 뉴욕 시내 극장에 간 적이 있었지요. 극장은 어두웠고 좌석이 좋았는지 마음이 놓이고 편안해졌습니다. 긴장을 풀리면서 아무 생각이 없었는데, 갑자기 자신이 쓰고 있던 책의 전체 그림이 불현듯이 떠올랐다고 합니다. 그래서 급하게 펜과 노트를 꺼내 자신이 쓸 부분에 관한 전체 개요 그림을 그리기 시작했습니다. 작가는 그 순간이 전혀 예상하지 못했던 '통찰'의 순간이었다고 말합니다. 한순간에 책에 필요한 모든 소재가 생각난 것이지요. 루이즈 디살보는 그 순간 펜과 노트가 없었다면 번쩍 떠오른 통찰의 상당 부분이 날아갔을 것이라고 말합니다. 그래서 그녀는 언제, 어디에 있건 아이디어가 떠오르면 소재를 쓸 수 있는 준비를 갖추는 것이 작가의 의무라고 말합니다. 최고의 아이디어나 영감은 책상을 떠나 있을 때 나오는데, 그것은 작가의 잠재의식이 주는 선물이며 작가는 이를 기록할 의무가 있다고 말이에요. 메모는 정말 어디서 사용할는지는 모르지만 습관화하면 반드시 긍정적으로 사용할 기회가 오게 됩니다.

다음으로 권장할 만한 방법은 주제가 언뜻 생각나지 않을 때는 자료를 찾아 읽으면서 주제를 결정하는 겁니다. 자신이 작성해야 할 주제에 관한 중요한 자료들을 찾아보면서 어떤 내용의 글을 어떤 방식으로 써야 할지 생각해볼 수 있어요. 자료를 읽다 보면 우리가 미처 생각하지 못한 부분이 나옵니다. 예를 들면 '지구 온난화'에 관한 글을 쓰라는 과제를 받았다고 해봐요. 우리가 생각할 때 지구 온난화는 미래 세대를 위해 굉장히 시급하게 해결해야 할 과제라고 할 수 있지요. 주제를 무엇으로 잡으면 될까요? '지구 온난화를 위해 석탄 연료의 사용을 줄이자'와 같은 주제는 너무 평범하지요. 당연한 것이기도 하고요. 이럴 경우 우리는 지구 온난화에 관한 자료를 찾아 읽어볼 수 있어요. 자료를 읽으면서 지구 온난화의 주된 원인이 탄소 배출에 있음을 확인하고 이를 해결하기 위한 방안으로 '저탄소 녹색성장'의 개념을 도입할 수 있지요. 아울러 이를 위한 노력으로 오존층 파괴의 원인이 되는 물질을 규제한 몬트리올 의정서(1987)나 지구 온난화를 방지하기 위해 온실가스를 감축하기로 협약한 기후변화협약(1992), 혹은 선진국의 온실가스 감축 목표치를 정하고 탄소배출권 거래제를 도입한 교토의정서(1997) 등을 예로 들 수 있습니다. 자료를 찾으면 글의 주제와 글의 내용을 풍부하게 할 다양한 소재를 찾을 수 있답니다.

이런 두 가지 경우가 아닌 다른 경우도 있습니다. 그것은 넓은 범위로 주제를 잡고 일단 글을 쓰면서 구체적인 주제를 잡아가는 것입니다. 이와 관련해서 미국의 학자 헤어스턴Maxine Hairston이 말한 흥미 있는 이론이 있습니다. 헤어스턴은 글을 쓰는 과정을 밝힌 두 개의 학파를 언급했는데, 그중 하나는 '문학적literary' 혹은 '낭만주의 작문학파romantic school'이고, 다른 하나는 '인지주의 작문학파

cognitive school'입니다. 우선 인지주의 학파는 글쓰기를 계획에 따라 자신의 생각을 글로써 풀어내는 인지적 활동으로 생각합니다. 그렇기 때문에 글쓰기 과정을 필자가 통제할 수 있고 조정할 수 있다는 입장을 가지고 있으며, 과학적으로 분석해볼 수도 있다고 여깁니다. 글쓰기를 학술적으로 많이 연구하고 있는 것도 이 학파입니다.

문학적·낭만주의 학파는 글쓰기를 자기 내면의 생각이나 내면의 언어를 찾는 발견의 과정으로 봅니다. 글을 쓰면서 자기가 생각했던 것, 자기가 찾고자 했던 것을 차츰 발견해간다고 보는 것이지요. 그렇기 때문에 이 학파의 입장에서는 무언가를 실제로 쓰기 전까지는 무엇을 어떻게 써야 할지에 대해 알고 있다고 말하기 힘들다고 합니다. 글을 쓰면서 우리는 성장하고 발전한다는 관점을 가지고 있지요.

여기서 글을 쓰면서 구체적인 주제를 잡아가는 방법은 미국 학자 헤어스턴이 말한 문학적·낭만주의 작문학파의 입장과 유사합니다. 필자는 자신이 써야 할 큰 방향이나 느낌을 가지고 글을 쓰기 시작하여, 글이 진행되면서 글의 주제와 내용이 구체화될 것으로 보는 겁니다. 실제 우리는 글을 쓰면서 자주 수정을 하곤 하지요. 그러면서 글의 방향이 처음 생각한 것과 달라진 것을 발견하기도 합니다. 글을 쓰면서 구체적인 형식과 내용을 잡아가는 것은 많은 필자들이 자주 쓰는 방법이기도 합니다. 그러나 생각해보아야 할 것은 이런 방법이 글을 많이 써보지 않은 초보자에게는 힘들다는 점이에요. 아직 어떻게 써야 좋은 글이 되는지 방법을 모르는 사람이 글을 써가면서 주제를 잡는다는 것은 아무래도 불가능한 일입니다. 그래서 우리가 해야 할 일은 우선 어떤 주제든 잡고 많은 글을 써보는 것입니다. 글은 쓰면서 늘기 때문에 주제를 잡는 일도 자꾸 쓰면서 자신만의 방법을 찾아보는 것이 중요합니다.

사실의 문제와 개념의 문제

좋은 주제를 잡는 것을 단순히 독립된 문제로 설정해서 학습하기는 어려운 점이 있습니다. 좋은 글의 요소들은 서로 융합해서 복합적으로 작용하기 때문에 하나의 문제를 독립시켜 학습한다고 해서 효과가 쉽게 드러나지는 않아요. 마치 피겨스케이팅 김연아 선수가 좋은 음악을 선택했다고 해서 항상 좋은 결과만 가져오지는 않는 것처럼요. 김연아 선수가 준비한 모든 것이 함께 조화를 이루고 이것이 성공적으로 잘 수행되어야 하잖아요. 그래서 어떤 부분을 꼭 집어서 그것이 모든 걸 결정한다고 말할 수는 없답니다. 결국 주제는 글의 구조나 내용이 서로 결합하고 융합하여 작용하는 경우가 많아요. 글쓰기 학습은 부분적인 이론을 학습하는 것보다 전체 글을 써보면서 반복해서 학습하는 것이 좋습니다.

여러분은 글을 쓸 때 어떻게 주제를 잡나요? 어떤 주제가 좋은 글을 만들까요? 너무 막연한 문제이지요? 이제 문제를 좀 좁혀보아야 할 차례입니다. 우선 주제는 개인이나 사회에 관한 여러 질문을 던지면서 거기에 합당한 답변을 찾아보는 것 가운데서 다양한 주제를 찾을 수 있습니다. 우리가 나 자신이나 이웃, 사회에 대해 끊임없이 질문을 던지고 해답을 찾는 일은 우리가 가질 수 있는 문제의식을 키우는 일입니다. 주제는 이런 문제의식에서 나올 수 있습니다.

우리가 개인이나 개념, 공동체나 사회에 관해 제기해야 할 질문들이 어떤 것들인지를 먼저 규명해봅시다. 적을 알아야 전쟁에서 승리할 수 있듯이 글을 써야 할 과제가 무엇을 물어보고 있는지 정확히 알아야 우리는 주제를 잡고 내용을 서술할 수 있지요. 무엇을 묻는 것인지도 모르면서 무작정 글을 쓸 수는 없습니다(물론 자유 주제로 글을 쓸 때도 있습니다). 우선 아래 질문에 한번 답을 해보기 바랍니다.

1. 고래는 아가미를 가지고 있을까, 없을까?

2. 고래는 어류일까, 포유류일까?

두 질문의 차이는 무엇일까요? 정답부터 말하자면 첫 번째 질문은 사실에 관한 질문이고, 두 번째 질문은 개념에 관한 질문입니다. 사실에 관한 질문은 확인이나 실험을 통해 진위 여부를 가릴 수 있습니다. 사실에 부합하거나 사실에 부합하지 않는다는 것을 확인하면 문제가 해결되는 것이지요. 그런데 개념에 관한 문제는 이와 다릅니다. 개념에 관한 문제는 그 대상의 어휘가 갖는 의미, 의의, 정의, 규칙 등을 따져보아야 합니다. 예를 들어 위의 질문에서 고래에게 아가미가 있는지 없는지의 문제는 눈으로 확인이 가능합니다. 확인을 통해 사실인지 판단할 수 있지만 고래가 어류인지, 포유류인지는 어류, 포유류에 관한 정의나 개념, 규정 등을 검토해보아야 합니다.

개념은 사물의 정의와 규정, 규범과 의미 등이 언어로 규정되어 있는 것을 의미합니다. 이 문제에 답하기 위해서는 어류와 포유류의 개념을 먼저 이해해야 하지요. 사실 고래에 관해 이런 질문이 나오는 것은 다 이유가 있습니다. 고래는 오래전에 육상에 살다가 바다로 들어가 적응한 생물입니다. 그래서 아가미를 가지고 있지 않고 육상의 동물처럼 허파로 호흡을 합니다. 다행히 고래는 산소를 몸속에 저장할 수 있어 한 번 호흡을 하면 긴 시간 물속에 있을 수 있지요. 고래는 다른 어류처럼 알을 낳지 않고 새끼를 직접 낳습니다. 새끼에게 젖을 먹일 수도 있고요. 그래서 두 번째 질문의 답을 알면 첫 번째 질문도 금방 답할 수 있는 것이었지요. 포유류이기 때문에 아가미가 없을 가능성이 높지요. 이처럼 개념 문제는 복합적이고 포괄적인 지식을 품고 있어서 다른 질문에 대한 답을 할 때도 매우 유용합니다.

좋은 주제를 다루기 위해서는 사실 판단에 관한 문제보다 개념에 관한 문제들을 다룰 수 있는 능력이 필요합니다. 다른 문제를 한 번 볼까요? 이번에는 가치의 문제를 추가해볼까 합니다. 아래 질문을 보고 어느 것이 사실에 관한 질문인지, 또 어느 것이 가치에 관한 질문인지, 아울러 개념에 관한 질문인지 맞춰보시기 바랍니다.

1. 우리 사회에서 경제적인 평등 수치는 얼마일까?
2. 경제적으로 평등한 사회가 바람직한 사회일까?
3. 경제적으로 자유와 평등이 양립할 수 있을까?

첫 번째 질문은 사실에 관한 질문에 가깝습니다. 경제적 자료를 통해 경제적 평등의 수치가 어느 정도인지 확인할 수 있기 때문입니다. 물론 평등 수치를 무엇으로 볼지에 관해서는 다소 논란의 여지가 남아 있습니다만, 질문 자체가 그런지, 그렇지 않은지를 묻고 있기 때문에 사실적 판단을 내려야 하는 것은 분명합니다. 두 번째 질문은 가치에 관한 질문입니다. 이 질문은 옳고 그름의 문제에 가깝기 때문에 우리가 가치 판단을 내려야 합니다. 경제적으로 평등한 사회가 바람직한 사회일까요, 아니면 경쟁을 통해 어느 정도 빈부 간의 차이가 있는 사회가 바람직할까요? 기준은 다를 수 있겠지만 '바람직하다', '그렇지 않다'에 관한 나름대로의 판단은 분명히 들어가야 합니다.

세 번째는 개념에 관한 문제입니다. 개념에 관한 문제는 그 어휘가 지닌 정의, 내용, 범위, 한계 등을 규정하여 그 의미를 규명하는 것이 무엇보다 중요합니다. 예를 들어 세 번째 문제를 풀기 위해서는 자유와 평등의 개념을 먼저 명료하게 규명하는 것이 중요하겠지요. 자유가 정확히 무엇인지, 평등이 과연 어떠한 것인지에 관한 분명한 인식이 없으면 서로의 양립 관계에 관한 답변을 하기가 어렵습니다. 자유와 평등의 개념을 명료하게 인식했다면 이를 경제적인 문제와 연관시켜볼 수 있겠지요. 가장 쉬운 접근법으로 본다면 자유와 평등은 경제적으로 서로 대치될 가능성이 많습니다. 자유로운 경제 활동을 보장한다면 경쟁으로 인해 빈부 간의 차이는 늘어날 수 있어요. 자연히 평등의 수치는 줄어들 수 있겠지요. 그렇지만 이렇게 단순하게 접근하는 일이 항상 옳은 것만은 아니랍니다. 여러 가지 변수가 있을 수 있으니까요. 여기서는 그런 내용을 모두 다 살펴보지는 않겠습니다.

위에서 세 가지 질문 유형으로 사실에 관한 질문, 가치에 관한 질문, 개념에 관한 질문으로 구분하여 나누었지만 이 경계가 항상 분명한 것은 아닙니다. 또 사실이나 가치에 관한 질문에는 개념에 관한 문제가 함께 섞여 있는 경우가 태반입니다. 예를 들어 '우리 사회는 경제적으로 평등한 사회일까?'라는 사실의 질문도 개념에 관한 질문들이 포함되어 있습니다. 경제적 관점에서 평등이란 개념이 무엇인지 확실히 알지 않으면 여기에 답변하기 힘들지요. 이처럼 개념에 관한 문제는 여러 질문 속에 그 배경으로 담겨 있는 경우가 많습니다. 두 번째 질문인 '경제적으로 평등한 사회가 바람직한 사회일까?'만 보더라도 가치에 관한 문제이지만 평등의 개념을 알아야 하고, 그것이 경제적인 것과 어떻게 연관되는지에 관한 지식도 필요합니다. 좋은 글을 쓰기 위해서는 지식이 많아야 하는데, 특히 그중에서도 개념적인 지식을 다룰 줄 아는 것이 정말 필요합니다.

질문에서 주제로

그렇다면 여러분은 주제를 정하는 데 이런 질문들이 왜 중요한가를 당연히 물어보겠지요. 우리에게는 질문이 아니라 답변이 중요하고 그 답변의 핵심에 주제 혹은 주제문이 놓여 있기 때문입니다. 조금 더 진전시켜볼까요. 보통 주제는 관심 대상(소재나 제재) 혹은 과제(질문)에 관한 답변이 되는 경우가 많습니다. 예를 들어볼까요. '서울의 공기 오염은 심각한 상태인가?'라는 사실에 관한 질문이 있다면, 그 질문은 '심각하다면 해결책은 무엇인가'라는 질문으로 확대될 가능성이 많습니다. 그리고 궁극적인 답변은 해결책이 될 것입니다. 물론 심각하지 않다는 답변이 가능하다면 해결책을 요구하지는 않습니다. 그러나 보통 이런 질문들은 부정적인 요인을 품고 있기 때문에 해결책을 요구하는 데까지 나아가는 경우가 일반적입니다.

서울의 공기 오염은 심각한 상태인가? [사실에 관한 질문]

⇩

만약 심각하다면 그 해결책은 무엇인가? [진행된 질문]

⇩

서울의 공기 오염이 심각하기 때문에 차량 5부제를 확대 실시한다. [해결책]

가치에 관한 질문은 필자의 가치 판단이 주장으로 나타나는 경우가 많습니다. 이런 경우에 중요한 것은 그 주장의 근거와 배경이라고 볼 수 있습니다. "나는 그것이 옳다고 생각한다", "나는 그것이 타당하다고 본다"라고 말하는 것은 얼마든지 가능하지만 독자를 설득하기 위해서는 타당한 이유와 합리적인 근거가 필요합니다. 나는 "사회주의 사회보다 자본주의 사회가 훨씬 좋다"라고 말한다면, 그 다음 문장은 그 근거가 자세히 나와야 하지요. 예를 들어 "자본주의 사회는 경제 활동에 관한 자유를 보장하고, 자연스러운 경쟁을 선호하는 인간의 본성에 적합하기 때문"이라는 이유를 적어주는 것이 좋습니다. 이런 문장들은 자연스럽게 주제로 연결됩니다.

사회주의 사회와 자본주의 사회 중 어느 곳을 선호하는가? [가치에 관한 질문]

⇩

나는 사회주의 사회보다 자본주의 사회가 훨씬 좋다. [주장]

⇩

자본주의 사회는 경제 활동에 관한 자유를 보장하고, 자연스러운 경쟁을 선호하는 인간의 본성에 적합하기 때문이다. [이유]

그런데 개념에 관한 질문은 조금 더 복잡합니다. 개념은 언어로 표상되는 대상의 정의, 의미, 규정 등을 따져보는 것이기 때문에 좀 더 본질적인 문제로 접근해야 합니다. 표준국어대사전을 보면 어휘 '개념'에 대해 다음과 같이 설명합니다.

1. 어떤 사물이나 현상에 대한 일반적인 지식.
2. (사회) 사회 과학 분야에서, 구체적인 사회적 사실들에서 귀납하여 일반화한 추상적인 사람들의 생각. 예를 들어 사람들이 많이 시청하는 프로그램을 재미있는 프로그램이라고 할 때, '재미있는 프로그램'이라는 개념이 생기게 된다.

3. (철학) 여러 관념 속에서 공통된 요소를 뽑아내어 종합하여서 얻은 하나의 보편적인 관념. 언어로 표현되며, 일반적으로 판단에 의하여 얻어지는 것이나 판단을 성립시키기도 한다.

이런 사전적 정의를 감안해보면, 개념이란 경험적으로 또는 관념적으로 표상된 일반적인 생각이라고 말할 수 있어요. 말하자면 '한국 양궁은 강하다'는 것도 하나의 개념이 될 수 있지요. 그런데 그것보다 중요한 것은 고착화된 정치·사회·문화적인 어휘들이고, 이는 그 자체로 하나의 '개념'으로 우리에게 중요한 함의를 던져줍니다. 예를 들면, 사회주의, 자본주의, 자유, 정의, 평화, 불평등, 문화, 예술, 사랑 등은 언어 자체가 중요한 의미를 가지는 '개념'이라고 할 수 있어요. 사회주의나 자본주의라고 하면 우리는 서로 통할 수 있는 일반적 의미를 가지고 있지요. 그래서 대화나 글에서 쉽게 이런 용어를 사용하여 서로 이야기를 주고받고 논쟁을 하지요.

그런데 위의 사전적 정의에서 보듯이 개념은 상당히 일반적이고 보편적인 의미를 담고 있기 때문에 구체적 상황에서는 매우 다양한 형태나, 다른 형태로 나올 수 있습니다. 그래서 실제 이런 개념이 구체적 상황에 적용될 때마다 그 의미를 꼼꼼하게 따져봐야 합니다. 앞의 예에서 자본주의는 경제적 자유를 보장한다고 했는데 과연 그럴까요? 직업 선택의 자유가 보장되어 있다고 말하지만 학력이나 자격증이나 면허증 유무 등의 자격 제한 조치가 있다면 그것을 '자유'라고 말할 수 있는 것일까요? 아니면 그런 제한 조치가 없다고 하더라도 실제 그런 스펙이 없는 사람이 뽑힐 가능성이 전혀 없다면 그것도 '자유'가 실제적으로 없는 셈이나 마찬가지가 아닐까요? 이처럼 구체적 상황이나 현상에 사용할 때는 '개념'의 실제적 의미를 깊이 있게 따져봐야 합니다.

칸트의 취미판단

예술 작품은 반드시 아름다워야 하는가?

한국이 낳은 세계적인 예술가, 백남준. 그는 비디오 아트의 창시자, 행위 예술가 등 수많은 수식이 붙는 예술계의 거목이다. 하지만 그의 유명 작품들을 보면 도무지 보편적 의미의 '미', 즉 아름다움을 찾아볼 수가 없다. 텔레비전을 이어 붙여서 침대 모양을 형성한 뒤 사람이 거기에 누워 있게 만들어

놓은 〈텔레비전 침대〉, 이것저것 붙이고 떼어내 내형과 외형이 완전하게 변해버린 작품 〈조정된 피아노〉 등 그의 작품에는 오직 일상생활에서 볼 수 있었던 물건들이 어우러져 있을 뿐이다. 이들 작품 중에는 오히려 기괴한 느낌을 줄 정도의 모습을 한 작품도 심심치 않게 찾을 수 있다. 그런데 왜 이런 작품들을 만드는 그를 세계 예술계는 인정하는 것인가? 아니, 어떻게 그를 예술가라고 부를 수 있는 것인가?

예술의 사전적 정의는 '어떤 일정한 재료와 양식, 기교 등에 의하여 미美를 창조하고 표현하는 인간의 활동, 또는 그 산물'이다. 우리는 그리스의 옛 신전을 보며 그 웅장한 아름다움에 매료되고, 로댕의 〈생각하는 사람〉에서는 정교하면서 세밀한 표현으로 인한 아름다움에 매료된다. 꼭 이런 미술, 건축 작품에 국한된 것이 아니라 발레의 절제되어 있으면서도 우아하고 유연한 움직임 속에서, 또한 오케스트라 여러 악기들의 조화 속에서도 우리는 그 나름의 '미'를 느낀다. 이처럼 만든 이의 표현하고자 하는 '미'는 예술 작품을 통해 감상자에게 전달된다.

하지만 우리 주위에서, 특히 근세에 들어서, 이러한 정의를 무색하게 만드는 작품들이 속속들이 나오고 있다. 실제 현실의 대상을 재현하는 것에서 벗어나 순수한 조형 요소인 형과 선, 색채 등으로 작가의 주관을 표현한 칸딘스키의 추상화를 생각해보자. 그는 그의 작품에서 미를 추구하기보다는 그냥 자신의 감정과 직관을 자유롭게 표현하는 데 중점을 두고 있다. 좀 더 극단적인 예를 보면 변기를 가지고 나와서 이것을 '샘'이라고 표현한 전위 예술가 마르셀 뒤샹, 온몸에 꿀을 바르고 밀가루 같은 것을 묻힌 채 죽은 토끼를 안고 그림을 소개하는 행위 예술가 요셉 보이스 등의 작품을 들 수 있는데, 여기서 보편적인 아름다움을 찾기란 '모래사장에서 동전 찾기'와 같은 일이다. 아무 생각 없이 그냥 겉보기에, 예술 작품이라기보다는 오히려 장난처럼 보이기도 한다.

그러나 이것은 우리의 선입견에 불과하다. 예술 작품이 물론 '미'를 표현하기 위한 수단이기도 하지만 그에 앞서 예술가의 생각, 즉 사상을 표현하기 위한 수단도 될 수 있음을 간과해서는 안 된다. 앞에서 언급했던 백남준의 작품을 다시 한번 살펴보자. 먼저 〈텔레비전 침대〉에서 그는 인간 생활에 텔레비전 등의 가전제품이 이미 떼려야 뗄 수 없는 역할을 하고 있음을 암시하고 있고, 〈조정된 피아노〉에서는 정형화된 연주를 파괴함을 보여준다. 즉, 그는 자신의 작품을 통해 자신이 말하고 싶은 바를 한층 더 강하게 감상자들로 하여금 이해하게 한 것이다.

또한 '미'의 의미 또한 꼭 보편적 아름다움에 국한된 것이 아니라 감상자로 하여금 감동받게 하는 것도 포함함을 잊지 말아야 한다. 즉, 어떤 작품이 보편적 아름다움을 가지지 않았다고 하더라도 그것이 내포한 의미로 인해 감상자가 감동을 받는다면 그것 또한 예술 작품이 될 수 있는 것이다.

라베르당은 "예술은 사회의 표현이며, 가장 진전된 사회의 경향이다"라고 말했다. 그만큼 예술 작품은 단순히 아름다움을 보여주기 위한 물건이 아니라 예술가의 사상, 더 나아가 인간의 사상을 표현해주는 상징까지도 포함한다. 인간의 사상이 꼭 아름다울 수 없는 만큼, 또한 반영되는 사회가 추한 면을 내재하고 있는 만큼, 예술 작품 또한 얼마든지 외적으로 아름답지 않을 수 있다. 한 작품이 비록 보편적인 아름다움을 담지 못했다 하더라도, 그 의미를 통해 감상자들에게 감동을 준다면 그 또한 예술 작품이 될 수 있는 것이다.

- 학생 글

위의 예문은 예술의 문제를 다루고 있습니다. 이 예문은 '예술 작품은 항상 아름다워야 하는가'라는 질문에 답을 하는 것인데 일종의 '개념'에 관한 문제를 다룬 것이라 할 수 있습니다. 앞서 말한 대로 개념에 관한 질문은 구체적 문제로 전환할 때 그 개념에 관한 정의, 범위, 쓰임새, 영향 등을 꼼꼼히 따져보아야 합니다. 사전에서 '예술'은 "특별한 재료, 기교, 양식 따위로 감상의 대상이 되는 아름다움을 표현하려는 인간의 활동 및 그 작품"이라고 규정되어 있지요. 여기서 핵심은 '아름다움美'이라는 뜻입니다. 무엇이 아름다운 것일까요? 아름다움은 공통적으로 느낄 수 있는 것일까요? 어렵지만 칸트의 견해를 한번 들어볼까요.

칸트는 우리가 대상을 지각할 때 통상 개별적 사항을 보편적 개념에 귀속시킨다고 보고 있는데 이를 '판단'이라고 불렀습니다. 예를 들어 응접실에 놓여 있는 TV 상자를 보고 우리는 금방 'TV'라고 인식하지요. 우리 머릿속에 TV라는 보편 개념을 가지고 있기 때문에 이를 쉽게 인식하고 규정하게 됩니다. 인간의 인식은 머릿속 보편 개념에 비추어 이루어집니다. 우리가 하늘을 나는 비행기를 보면 '비행기'라고 말할 수 있는 것은 우리 머릿속에 이미 '비행기'란 보편 개념이 있기 때문에 가능한 것이지요. 탁자 위에 있는 꽃이 든 병을 보고 '꽃병'이라고 금방 부르는 것도 우리 머릿속에 꽃병에 관한 관념이 존재하기 때문입니다.

그렇지만 자연 풍경이 '아름답다'고 생각하는 경우에는 이와는 좀 다릅니다. 왜냐하면 '아름답다'는 'TV'처럼 머릿속에 명료하게 각인된 보편 개념을 찾을 수 없어요. 아름다움은 풍경이나 꽃, 그림, 사람 등 대상에 따라, 그때그때의 구체적인 경우에 따라 다르고 개별적인 아름다움으로 느껴지기 때문입니다. 예를 들어 위의 예문을 보면 그리스의 옛 신전의 웅장한 아름다움이나 발레의 절제되어 있으면서 우아한 움직임, 오케스트라에서 악기들의 조화 등은 각기 개별적인 아름다움으로 감상자들에게 전달됩니다. 우리는 아름다움(미)에 대해 보편적 기준을 세울 수 없지요. 그래서 칸트는 아름다움(미)과 같은 판단을 어떤 기준이 있는 '논리적 판단'이 아니라 개별적이고 주관적인 '취미 판단'이라고 규정하고 있어요.

'아름답다'라는 판단에 누구나 인정할 수밖에 없는 보편 개념이 존재할 수 없다면 아름다움을 어떻게 규정할 수 있을까요? 위 예문의 필자는 예술 작품은 꼭 미적美的 아름다움만을 추구하는 것이 아니라 예술가의 독창적인 사상을 드러내주기도 하는 도구라고 말합니다. 아름다움을 미적으로만 규정할 것이 아니라 사상적으로, 철학적으로도 규정할 수 있다고 말하고 있지요. 위 예문은 이에 관한 많은 예들을 들고 있습니다. 비디오 아트의 창시자 백남준, 추상화가 칸딘스키, 전위 예술가 마르셀 뒤샹, 행위 예술가 요셉 보이스

등의 경우를 설명하면서 이들의 작품을 예술로 볼 수밖에 없는 이유를 설명하고 있지요. 이를 근거로 예술이 꼭 미적으로 아름다운 것만을 추구하는 것이 아니라는 논리를 주장하고 있습니다.

예술 작품은 반드시 아름다워야 하는가? [질문]

⇩

예술의 정의에 관한 분석과 비판 [비판]

⇩

예술의 미에 관한 새로운 해석 [대안과 근거]

개념에 관한 질문과 답변이 중요한 것은 우리가 사물에 지칭하는 언어에 관해 본질적인 질문을 던질 수 있기 때문입니다. '그것은 무슨 뜻일까?', '과연 그것이 사실일까?', '현실에 적용할 때 정말 그러할까?' 등등 여러 질문을 던지고 고민해볼 수 있지요. 아울러 개념에 관한 질문은 사실에 관한 질문이나 가치에 관한 질문에 포함되는 경우가 많습니다. 위에서 나온 '서울의 공기 오염은 심각한 상태인가?'라는 질문도 사실은 '오염'을 무엇으로 규정할 것인지, 그중에서도 특히 공기 오염은 무엇을 말하는지, 그 규정에 문제점은 없는지 따져볼 수 있습니다. '사회주의'와 '자본주의'에 관해서는 더 말할 필요가 없습니다. 사회주의가 무엇인지, 자본주의는 어떠한지 꼼꼼하게 그 정의와 개념을 따져보지 않으면 문제를 풀 수 없지요. '사실'이나 '가치'의 문제가 주어지더라도 문제를 풀기 위해서는 개념에 관한 정의를 살펴봐야 합니다. 예를 들어 사회주의가 좋은지, 자본주의가 좋은지를 풀기 위해서는 사회주의와 자본주의 개념에 관한 면밀한 검토가 선행되어야 하겠지요. 이처럼 개념을 알고 따지는 것은 매우 중요합니다.

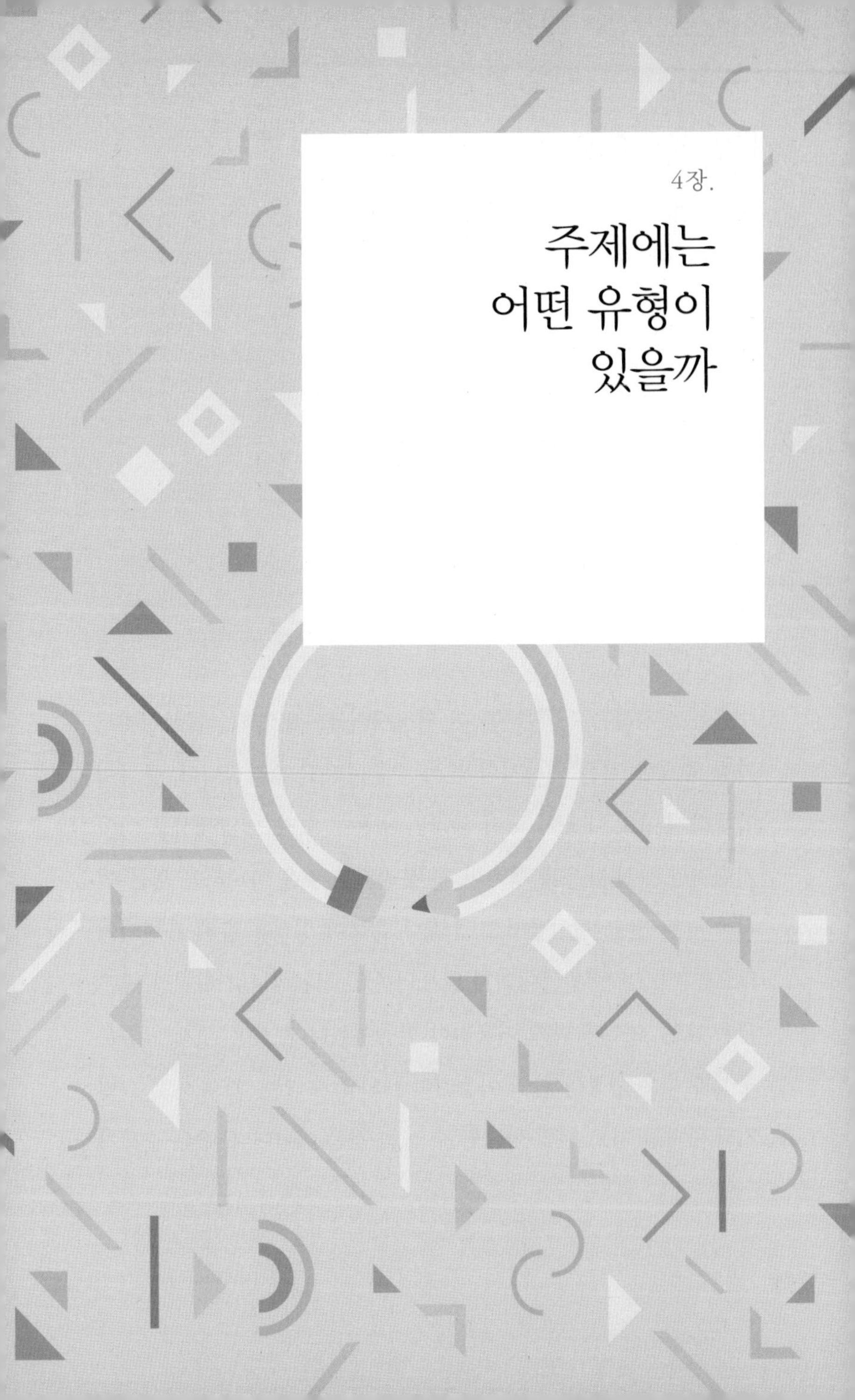

4장.

주제에는 어떤 유형이 있을까

문제 해결
주제

주제를 설정하는 문제를 좀 더 확장시켜볼까요? 저는 글쓰기에서 가장 중요한 것은 메시지의 질적 수준이라고 생각합니다. 문장이 아무리 좋아도 내용이 좋지 않다면 소용이 없지요. 앞에서도 이야기했지만 사실 내용과 형식이 꼭 분리되는 것은 아니라는 점은 여러분도 잘 알고 계시겠지요. 주제나 내용이 형식을 통해 표현되지 않으면 텍스트는 만들어지지 않으니까요. 거듭 이야기하지만 좋은 글은 모든 요소가 함께 어울려야 만들어집니다. 좋은 주제는 좋은 구성과 좋은 문장이 함께 어울려야 나타날 수 있는 것이지요. 그렇지만 주제를 따로 전혀 학습할 수 없는 것은 아닙니다. 좋은 주제가 어떤 것이라는 것을 인식하고 있어야 글쓰기를 계획할 때 좋은 주제를 찾아낼 수 있습니다.

저는 학생들이 자유롭게 글을 쓸 때 가장 많이 사용되는 주제로는 세 가지 종류가 있다고 생각합니다. 하나는 문제 해결의 유형입니다. 이 유형은 지금 현재 우리가 받아들일 수 없다고 간주하는 상황이 존재하고 이를 해결하기 위해 제안하는 내용입니다. 예를 들어 '미세 먼지를 해결하기 위해 차량 5부제를 실시해야 한다' 혹은 '청년 실업 문제를 해결하기 위해 청년 고용보장제를 실시하자' 등과 같은 주제들이 여기에 해당합니다. 이런 주제에는 우선 문제가 되는 현재 상황이 존재하지요. 그다음으로 문제가 되는 상황을 바꾸기 위해 적절한 대안이나 해결책을 찾아내는 것입니다. 그래서 이런 주제의 유형에서 중요한 것은 문제 해결의 방법, 즉 '어떻게' 입니다. 다음의 예를 한번 볼까요.

청년 실업의 문제
- 어떻게 해야 정규직 청년 일자리를 더 만들어낼 수 있을까? (경제)
- 어떻게 해야 청년 고용에 관한 시민들의 관심을 높일 수 있을까? (사회)
- 어떻게 해야 청년 취업 교육을 강화할 수 있을까? (교육)
- 어떻게 해야 직업에 관한 인식을 바꿀 수 있을까? (윤리)

- 어떻게 해야 청년 고용 법안을 제정할 수 있을까? (법률)

이처럼 '어떻게'는 다양한 분야에서 질문을 던질 수 있습니다. 여러분은 이런 질문들을 분류하면 특정한 대상에 대해 다루어야 하는 주제의 폭을 넓힐 수 있지요. 해당 질문에 관한 해결 방법을 찾고 이를 상세히 정리하면 그것이 바로 주제가 될 수 있습니다.

어떻게 → 수단·방법 → 해결책

여기서 한 가지 염두에 두어야 할 것은, 무언가 문제가 되는 현재 상황을 해결하기 위해서는 반드시 비용과 대가가 따른다는 사실입니다. 그 비용과 대가가 어떠한 것인지, 그것이 동원 가능하거나 받아들일 수 있는 수준의 것인지를 고려해보아야 합니다. 그리고 그 비용과 대가가 실제 그 문제가 해결되지 않았을 경우에 입게 되는 피해보다 훨씬 적다는 사실을 강조해야만 합니다. 예를 들어 지구 온난화 문제를 한번 봅시다.

지구 표면의 기온 상승으로 여러 변화가 감지됩니다. 우선 기온 상승으로 인해 건조기후 지역이 늘어나고 온대기후 지역은 아열대 지역으로 변화하고 있어 농작물 수확이 감소할 것으로 예상됩니다. 게다가 가뭄, 홍수, 태풍 등의 자연재해도 훨씬 자주, 또 강도 높게 발생할 것으로 보입니다. 이에 따라 생물 생태계에 악영향을 끼쳐 많은 동물이나 식물이 멸종될 것입니다(우리가 잘 아는 늑대, 물개, 검독수리 모두 멸종위기 야생동물 1급으로 지정되어 있는 동물입니다). 이 밖에 빙하가 녹으면서 해수면이 상승하는 위험도 감수해야 합니다. 지구 해수면은 앞으로 지표 기온이 2도 이상 상승한다면 1미터에서 4미터까지 상승할 가능성이 있다고 합니다. 지구 인구 중 약 1억 명에 해당하는 사람들이 해발고도 1미터 내에 살고 있음을 감안하면 해수면의 상승은 엄청난 위험이라는 것을 알 수 있습니다. 가히 인류의 재앙이라고 말할 수 있지요.

이런 정도의 피해가 예상되니 우리가 해결 방안이나 방법에 비용을 조금 과다하게 쓰더라도 해야만 하는 근거가 될 수 있겠지요. 지구 온난화와 같은 경우는 이미 그 위험성이 많이 알려져 있기 때문에 크게 그 근거를 언급해주지 않아도 가능할 수 있어요. 그러나 우리가 막연하게 알고 있으면서 위험성을 간과하고 있는 것은 충분히 설명해주어 해결을 위한 비용 소요가 비효율적이 아니라는 점을 인식시켜줘야 합니다. 예를 들어 미세 먼지의 경우 그 위험성을 사람들이 아직 막연하게 알고 있는 경우가 많기 때문에, 정확한 예상 수치를 알려주는 것이 좋습니다. 예를 들어 미세 먼지를 세계보건기구WHO 산하 국제암연구소에서 1급 발암물질로 규정하고 있다는 점, 세계 인구 10명 중 9명이 오염 물질의 농도가 높은 공기를 마시고 있으며, 오염 농도가 해마다 나빠지고 있다는 점을 강조하여 해결 방법의 마련이 시급하다는 점을 강조할 필요가 있습니다.

문제 해결의 유형은 지금 현재 문제가 되고 있는 현안을 주로 다루기 때문에 매우 시사적이고 실용적인 내용이 주제가 됩니다. 예를 들어 앞에서 다룬 지구 온난화, 미세 먼지와 같은 환경 문제, 도시화나 난개발의 문제, 인구 감소의 문제, 사회적 불평등의 문제, 성차별의 문제 등 사회나 경제와 관련된 현실 문제들이 많이 있습니다. 이런 문제들이 모두 이 유형의 주제가 될 수 있습니다. 이 주제는 문제의 중요성을 진단하고 합리적인 대안이나 해결책을 제시해야 하는데, 되도록 정확한 통계 자료나 전문가의 근거 제시가 필요합니다. 이런 사항들을 정리하면 이 주제에 대한 글의 기본 구성은 아래처럼 될 가능성이 높습니다.

과제 제시 : 문제의 제시와 진단

⇩

원인 탐색 : 원인 및 해결의 시급성

⇩

대안 및 해결책 제시 : 근거, 합리성, 타당성 필요

⇩

마무리 제시

아마 여러분은 이 글이 어떻게 전개될지 대강 짐작하실 겁니다. 이런 종류의 주제는 서두에 해결해야 할 문제가 무엇인지 분명하게 제시하는 것이 중요합니다(과제 제시). 이런 문제들이 왜 중요한지, 사회적으로 어떤 의미가 있는지를 충분히 설명해야 독자들이 그 글에 흥미를 느낄 수 있지요. 그런 다음, 그 문제가 왜 발생했으며, 어떤 의미가 있고, 해결되지 않았을 경우 어떤 손실이나 문제가 발생하는지를 차분히 설명해야 합니다(원인 탐색). 이때는 아무래도 전문가들의 진단, 통계 자료 등을 제시해주면 글의 신뢰성이 높아지겠지요. 그리고 그다음으로 그 문제에 관한 해결책을 제시하는 것이지요(해결책 제시). 해결책은 다른 사람이 납득할 수 있고 합리적이며 타당한 것이 되어야 합니다. 전혀 실효성이 없거나 단지 개인적인 의견에 불과한 것은 해결책이 될 수 없어요. 이런 종류의 주제는 대체로 '문제 → 원인 → 해결책'의 구도를 따라갑니다.

쟁점 주제

두 번째 주제 유형은 어떤 상반된 주장이 대립되어 있을 때 어느 것이 옳은지를 따지는 경우에 해당합니다. 이런 유형은 주로 어떤 믿음이나 신념, 관점에 대해 그것이 타당하고 적절한지를 물어보고 답변하는 것이지요. 그래서 '~ 타당한가?', '~ 적절한가?', '~ 합당한가?', '~ 더 옳은가?'라는 질문들이 주를 이룹니다. 예를 들어 '기여입학제가 타당한가?', '사형제가 적절한가?', '생태주의적 환경보호론은 적절한가?', '낙태를 법으로 금지하는 것은 합당한가?'와 같은 물음은 사람마다 서로 상반된 입장을 가지고 있습니다. 이런 문제는 상대방의 주장이 적절하지 않음을 논박하고 자신의 주장이 옳음을 증명해주어야 합니다. 그래서 '무엇으로'라는 근거가 중요하고 설득과 논증이 중요한 역할을 하게 되지요. 우선 상대방의 주장이 옳지 않음을 근거를 통해 반박해야 하고, 이와 함께 내 주장이 옳다는 것을 근거를 통해 입증해야 합니다. 그렇기 때문에 두 주장의 근거와 이유를 면밀히 따져볼 필요가 있습니다.

A관점 = 주장 + 근거

B관점 = 주장 + 근거

어느 주장이 옳은지는 두 주장의 근거와 반론 및 여러 보강 논리를 잘 동원하여 설명해주어야 합니다. 내 주장에는 분명한 근거를 세우고, 반대 주장에는 반론의 근거를 마련해야 합니다. 내 주장이 옳다는 확실한 증거를 찾고, 상대편 주장이 틀렸다는 분명한 증거를 확보하면 논리 싸움에서 분명히 이길 수 있지요. 이럴 때 사용하는 것이 바로 논증 방법입니다. 논증을 너무 어렵게 생각하지 말고 몇 가지 원칙만 분명히 가지면 됩니다. 이와 관련하여, 쉽고 어떤 상황이든 잘 적용되는 논증 방법 중 하나인 윌리엄스 모형을 한번 살펴볼까요. 일단 아래 설명을 먼저 보세요.

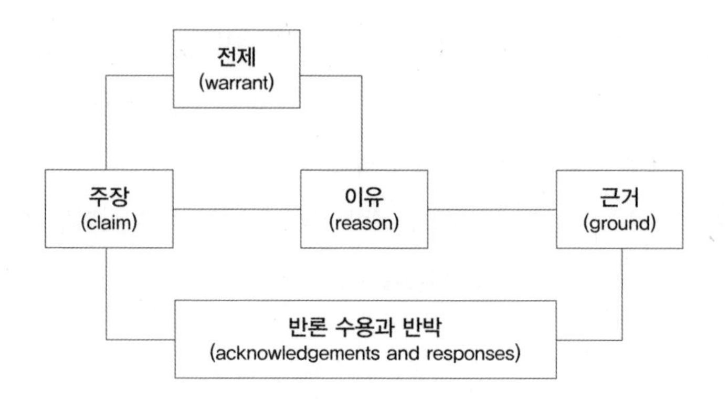

〈그림〉 툴민(Toulmin) 모형을 개정한 논증 모형(Williams & Colomb, 2007)

1. 전제 : 주장하고자 하는 바의 바탕이 되는 사실을 서술한다.

2. 주장 : 밝히고자 하는 사실을 기록한다.

3. 이유 : 주장이 왜 필요한지를 서술한다.

4. 근거 : 이유의 배경이 되는 사실들을 서술한다.

⇩

전제 : 많은 아이들은 폭력적인 게임을 자주 한다.

주장 : 폭력적인 게임을 하는 것은 아이들의 정서에 악영향을 미친다.

이유 : 왜냐하면 아이들이 폭력적인 게임을 자주 하면 모방 심리가 생겨 현실에서도 폭력적인 성향을 보일 가능성이 있기 때문이다.

근거 : ○○대학 심리학과에서는 폭력적인 게임을 자주 한 아이일

수록 폭력적인 성향을 보인다는 통계를 제시했다.

여기서 중요한 것은 주장이지요. 내가 말하고자 하는 바가 바로 주장입니다. 예시를 보면 '폭력적인 게임을 하는 것은 아이들의 정서에 악영향을 미친다'가 주장이 됩니다. 이유는 왜 그런가를 설명하는 부분입니다. 아이들은 모방 심리가 강하기 때문에 폭력적인 게임을 하다 보면 현실과 허구의 차이를 잊고 폭력적인 성향을 가질 수 있다는 겁니다. 여기에 근거는 이유를 확실히 보증해주는 역할을 합니다. 말하자면 근거는 어떤 증거를 제공해 이유를 움직일 수 없는 확실한 사실로 만들어버리는 것이지요. 폭력적인 게임을 하는 학생일수록 폭력적인 성향을 가진다는 통계 자료를 제공해주면 확실한 근거가 됩니다. 이러면 모든 사람들은 '아, 정말 폭력적인 게임이 아이들의 정서를 폭력적으로 안 좋게 만들고 있구나'라고 생각하게 되지요. 그래서 이유에 근거를 달아주는 것은 무척 중요한 일입니다.

그런데 말이에요. 이렇게 주장-이유-근거로 이어지는 문장들은 아무래도 자기 입장만 말하는 것이기 때문에 상대방 주장을 들어볼 필요가 있지요. 너무 나의 주장만 반복하는 것은 아무래도 상대방의 전폭적인 동의를 얻기가 어렵습니다. 그래서 상대방의 주장이나 나의 주장에 관한 반론을 들어볼 필요가 있습니다. '서울 시내 공기 오염을 예방하기 위해 노후 차량의 출입을 제한하자'는 주장이 있다면, '노후 차량 운전자 중에는 생계형 자영 영업자들이 많기 때문에 무조건 노후 차량 출입을 제한하는 것은 부당하다'라는 반론이 가능합니다. 쟁점 주제에서 상대방을 설득하기 위해서는 이런 세밀한 부분에 관한 점검이 필요해요. 나의 주장이 좀 더 타당하게 받아들여지려면 이런 반론을 인식하고 '물론, 생계형 영업 차량에 대해서는 출입을 허용해주는 조치도 보강해야 할 것이다'라는 조건을 달아주면 되지요. 아니면, '물론, 그런 이의 제기가 있을 수 있으나 서울 시내 공기 오염이 너무 심각하기 때문에 서울 중심가에 한에서는 예외 조항을 두어서는 안 된다'고 재반박할 수 있습니다. 쟁점 주제는 반대 주장을 하는 상대방이 항상 있기 때문에 그 사람의 주장을 고려해주면서 논의를 진행해야 하는 점을 잊어서는 안 됩니다.

5. 반론 수용 : 나의 주장에 반대하는 주장과 근거를 수용한다.
6. 반박 혹은 대안 제시 : 반론에 반박하거나 대안을 제시한다.

쟁점에 관한 주제는 우리 일상생활에서 너무나 많습니다. 예를 들면, '안락사를 허용해야 하는가?', '낙태 금지법 바람직한가?', '사형제 찬반 논쟁', '양심적 병역거부자에 대한 대체복무제는 바람직한가?'와 같은 흔한 주제들도 있지만, '임금피크제 바람직한가?', '청소년들에게 12시 이후 게임을 금지하는 셧다운제는 옳은가?', '자유학기제 바람직한가?' 등 실생활과 연관되어 있는 주제도 많습니다.

개념과 지식 주제

개념과 지식에 관한 주제는 주로 상대방에게 어떤 개념이나 사실, 현상에 대해 설명하고 이에 관한 어떤 생각을 납득시키고자 하는 유형입니다. 예를 들면 '현대 사회에서 노동의 가치가 왜 존중받아야 하는가?', '현대 사회에서 유토피아가 과연 존재하는가?', '자본주의 사회에서 자유와 평등의 상호관계에 대해서 설명해보라', '현대 사회에서 진정한 행복이란 무엇인가?' 등과 같이 어떤 개념이나 가치의 의미를 알고 이에 관한 자기 생각을 펼치는 과제에 해당합니다. 아울러 '환경 파괴가 세계 경제에 미치는 영향에 대해 논하라', '최근 유행하고 있는 미니멀라이프와 무소유에 대해 어떻게 생각하는가?', '혼밥, 혼술 문화의 확산과 이유'처럼 어떤 사회 현상이나 문화에 대해 자기 견해를 설명하는 것도 이 유형에 해당한다고 할 수 있어요. 이런 과제는 모두 어떤 개념에 관한 정의를 알아야 풀 수 있는 문제들입니다.

그렇지만 아무래도 이 유형에서 중요한 것은 앞에서 설명한 것처럼 기본적 개념에 관한 주제들입니다. 이런 주제들은 우리에게 미처 알지 못했던 사실을 알려주거나 알고 있다 하더라도 미처 생각하지 못했던 과제들을 알려줍니다. 그래서 독자들에게 '이런 면이 있구나', '이런 사실이 중요하구나'라는 것을 알게 해줍니다. 이 유형의 주제들은 대체로 다음과 같은 내용을 많이 가지고 있어요.

- 사회적 철학에 관한 개념적 가치나 의미
- 잘못된 견해(가치관)/ 편견
- 알지 못했던 중요한 지식이나 가치(사실, 현상)
- 현상 속의 중요한 가치들
- 일상 속에서 깨닫지 못했던 가치, 성찰, 반성들

이런 유형의 주제들은 기본적으로 어떤 개념이나 가치의 철학적 의미를 우선적으로 알아야 답변할 수 있는 것들이기 때문에 높은 지식과 상식을 요구합니다. 아울러 어떤 개념의 정의에 관해 근본적인 질문을 던질 수 있는 호기심과 지적 욕구 등이 존재해야 합니다. 그 개념이 사회적 관계에서 가지는 의미는 무엇이며, 현실에 어떤 영향을 끼치는지, 이런 모든 점을 고려 대상으로 삼아야 합니다. 그렇기 때문에 이런 주제는 매우 쓰기 어려우면서도 고급적인 주제라 할 수 있어요.

'유토피아'는 실현 가능한 것인가, 한낱 꿈일 뿐인가?

'유토피아Utopia'는 현실에는 존재하지 않는 이상적인 사회이다. '유토피아'라는 말은 계몽주의 시대의 작가 토머스 모어가 처음 사용했지만, 이상향으로서 유토피아적 관념은 지역이나 시대를 불문하고 항상 있어 왔다. 우리에게 친숙한 예만 하더라도, 과거 중국의 이상 국가 모델인 요순시대堯舜時代, 플라톤의 《국가》에서 그렸던 이상적 국가상, 그리고 마르크스의 공산 국가에 이르기까지 그 모습은 매우 다양하다. 그러나 이러한 '유토피아'는 인간의 역사에서 한 번도 실현된 적이 없다. 단적으로 말해 '유토피아'는 현실에서 실현이 불가능한 개념인 것이다. 그러나 그럼에도 불구하고 인간은 늘 '유토피아'를 꿈꾸고 그리워한다.

여러 종류의 '유토피아'가 있지만, 그것이 어떤 모습을 하건 대체로 '행복'과 '평등'을 강조한다. 이것은 '유토피아'에 대한 개념이 대체로 경제적·사회적 불평등이 존재하는 현실에 대한 반발 심리에서 나타났기 때문이다. 예를 들어, 허균의 《홍길동전》은 그의 사회적 신분에 대한 불만에서 비롯된 작품이다. 토머스 모어의 《유토피아》도 러다이트 운동으로 불안해진 16세기 영국 정치 현실을 반영하고 있다.

그런데 여기서 주목할 점은 어떤 '유토피아'에 관한 글이든 그 논의에서 (현대 사회에서는 매우 강조되는 요소인) '자유'를 적극적으로 고려하지 않는다는 점이다. 이러한 이유를 여러 가지로 생각해볼 수 있겠지만, 가장 근본적인 이유는 '자유'가 '유토피아'의 근간을 이루는 '평등'과 '행복'을 훼손할 수 있다는 점이다. 만약 유토피아 논의에서 '자유'를 강조하게 되면, 개인의 능력 차이에 의한 불평등이 나타날 수밖에 없다. 또 개인에게 지나치게 많은 '자유 의지'를 부여한다면, 유토피아 사회가 역동성을 띠게 되어 안정에 근거한 행복마저 흔들릴 우려가 있다. 그렇게 되면 꿈으로서의 '유토피아'는 무너진다. 마르크스의 '공산 국가'에서도 혁명의 과도기에는 역동성과 개혁성을 강조하지만, 정작 그의 유토피아인 '공산 국가'에 관한 논의에 가면 지나치게 평등에 근거한 안정에 집착하여 여타의 '유토피아'와 차별을 보여주지 못하고 있다.

'유토피아'가 현실에 실현 불가능한 것은 바로 이런 이유에서다. '유토피아'는 근본적으로 변화와 혁신보다 안정을 지향하며, 사회적 진취성과 역동성에 대해서 소극적이다. 그러다 보니 현실 사회에서 꼭 필요한 요소인 자유가 결핍되어 현실 적응에 실패하게 되는 것이다. 이런 점은 '유토피아'가 관념적이고 추상적인 사고를 통해 형성되었을 뿐, 구체적인 실현 가능성을 바탕으로 제기된 것은 아니라는 점을 증명해준다. 예컨대 올더스 헉슬리의 《멋진 신세계》에서는 '유토피아'를 '자유'가 박탈된 규제된 사회로 묘사하고 있다. 인간은 부모도 모르는 채 모두 인공수정을 통해 출산되며, 주어진 지능과 능력에 따라 계급이 분화되고 자신에게 맞는 일만 하게 된다. 《멋진 신세계》에는 자유가 없이 통제만 있는 사회가 있다. 만약 그런 세계가 '유토피아'라면 그것은 바람직하지 않을 뿐 아니라 이루어지기도 불가능하다. '유토피아'는 피상적 안정과 행복함을 강조하다 보니 현실 사회에서 이식이 불가능해지는 문제점을 안고 있다.

그렇다면 그럼에도 불구하고 왜 '유토피아' 논의는 계속되는 것일까? 그것은 '유토피아'가 가지는 현실에 대한 보완적 기능을 간과할 수 없기 때문이다. 프랜시스 후쿠야마는 그의 저서 《역사의 종말》에서 '이념 전개로서의 역사는 자유민주주의의 역사로 끝났다'며 그것은 "자연인으로서 인간의 욕망에 '자유민주주의'가 가장 부합되는 형태이기 때문이다"라고 말했다. 그의 주장에 전적으로 동의할 수는 없더라도, '인간의 욕망'에 의해 흘러가는 역사가 필연적으로 '자유'와 '경쟁'의 '자유민주주의'로 흐르게 된다는 의견에는 어느 정도 수긍할 수 있다. 그러나 그렇다고 해서 '자유'와 '경쟁'만을 강조한다면, 사회 구성원은 끊임없는 경쟁에 내몰려 정작 인간은 사회 구조로부터 소외되는 결과를 낳을 수도 있다. 그것을 견제하는 요소로서 '유토피아'가 중요성을 가지는 것이다. 인간의 어떠한 본성이 자유와 경쟁을 낳는다면, 인간의 또 다른 본성은 이루어질 수 없는 '유토피아'를 낳는다. 그리고 이 둘의 상호 보완적 관계는 한 사회가 극단으로 흐르는 것을 막는다. '현실'과 '유토피아'는 변증법적 발전을 거듭하여 사회 진보를 이룬다. 그러나 진보가 실현된 사회라고 할지라도 '유토피아'는 이미 현실 사회에 대해 많은 부분을 양보한 셈이 된다. 그래서 이상으로서 '유토피아'에 관한 꿈은 여전히 사라지지 않는다. 그리고 그 '유토피아'는 계속해서 모순된 현실, 또는 현실의 부조리와 서로 밀고 당기면서, 영속적인 사회 진보의 힘으로 남게 된다.

요약하자면, 순수한 의미로서의 '유토피아'는 그 내재적 한계 때문에 현실 사회에서는 실현될 수 없는 꿈이다. 그러나 '유토피아'는 오히려 그렇기 때문에 의미를 가지는 것이다. 순수한 '유토피아'는 언제나 해결되지 않은 과제로 남을 수밖에 없으므로, 현실 사회의 목표가 될 수 있다. 오히려 '유토피아'가 비현실적이라는 이유로 논의되지 않는다면, 그 사회야말로 퇴보와 종말을 맞게 될 것이다. 혁명가 체 게바라는 "우리 모두 리얼리스트가 되자. 그러나 가슴속에는 불가능한 꿈을 가지자"라고 말했다. 이 말은 유토피아 논의를 한마디로 압축해서 나타내고 있다. 즉, 유토피아는 현실에서 영원히 존재할 수 없는 꿈일 뿐이지만, 거기에는 현실의 개선을 바라는 모든 사람들의 강렬한 욕망이 담겨 있고, 따라서 사회 진보의 힘이 되는 것이다. 이러한 의미에서, '유토피아'는 영원히 존재할 수 없지만, 존재할 것이라고 믿어야만 하는 모순된 존재이다. - 학생 글위 학생의 글은 프랑스 대학 입학 자격시험 바칼로레아의 논술 문제 '유토피아는 실현 가능한 것인가, 한낱 꿈일 뿐인가?'에 관한 답글로 쓴 것입니다. 이 문제를 풀기 위해서는 '유토피아'라는 개념을 먼저 이해해야 하고, 그 '유토피아'라는 사상이 현대 사회에 어떤 의미를 가지고, 어떤 영향을 끼치는지를 살펴보아야 합니다. '유토피아'란 개념으로 규정된 인간 사상이 어떻게 사회적 구조에 영향을 주고, 영향을 받는지 검토해야 해서 쉬운 문제가 아니지요.

이 학생은 '유토피아'를 '자유'와 '경쟁'을 추구하는 인간이 지닐 수밖에 없는 '꿈'이라고 보고 있어요. 인간의 본성 중 하나인 '자유'와 '경쟁'은 필연적으로 사회적 불평등을 낳을 수밖에 없고, 이런 불평등한 현실에서 도피의 꿈으로 '유토피아' 사상을 만들어낸다고 본 것입니다. 그래서 역사적으로 만들어진 '유토피아'는 대체로 '자유'보다는 '평등'을 강조하고 있다고 보았지요. 학생이 예로 든 요순시대, 플라톤의 《국가》, 마르크스의 공산 국가, 올더스 헉슬리의 《멋진 신세계》 모두 그런 사회로 묘사하고 있어요. 사실 이 학생의 말처럼 지나치게 평등과 행복만을 강조하는 유토피아는 현실에서 성립되기 힘들어요. 그럼에도 불구하고 역사를 통해 끊임없이 '유토피아' 사상이 나오는 것은 힘든 현실을 넘어 미래의 낙원을 기대하는 인간의 심리 때문이라고 말할 수 있습니다. 그래서 우리는 '유토피아' 사상을 현실에서는 이루어질 수 없지만 그럼에도 꼭 있어야만 하는 모순된 존재라고 보는 겁니다.

개념과 지식에 관한 주제는 우리 삶과 세계에 관한 '인식'의 문제를 본질적으로 따지는 유형입니다. 이런 종류의 주제는 '우리가 세계를 어떻게 인식하나?', '우리가 삶을 어떻게 인식하나?'라는 세계관, 가치관의 문제와 맞닿아 있어 매우 수준 높고 어려운 주제들입니다. 이런 주제를 다루기 위해서는 많은 독서량이 필요할 뿐만 아니라, 우리가 살고 있는 세상을 단순하게 바라보지 않고 깊게 이유를 따지고 원인을 탐색하고자 하는 자세도 필요합니다. 이 학생은 단순히 유토피아가 현실에서 불가능한 '꿈'이라는 전제에서 멈추지 않고, 왜 유토피아가 역사를 통틀어 끊임없이 발생하는지, 유토피아가 불가능한 원인은 무엇인지, 그럼에도 불구하고 유토피아가 우리에게 꼭 필요한 이유가 무엇인지를 잘 분석했습니다. 지식이나 개념을 주제로 할 때는 이렇게 그 의미와 가치, 실현 가능성, 영향 등을 꼼꼼히 따져보는 자세가 중요합니다.

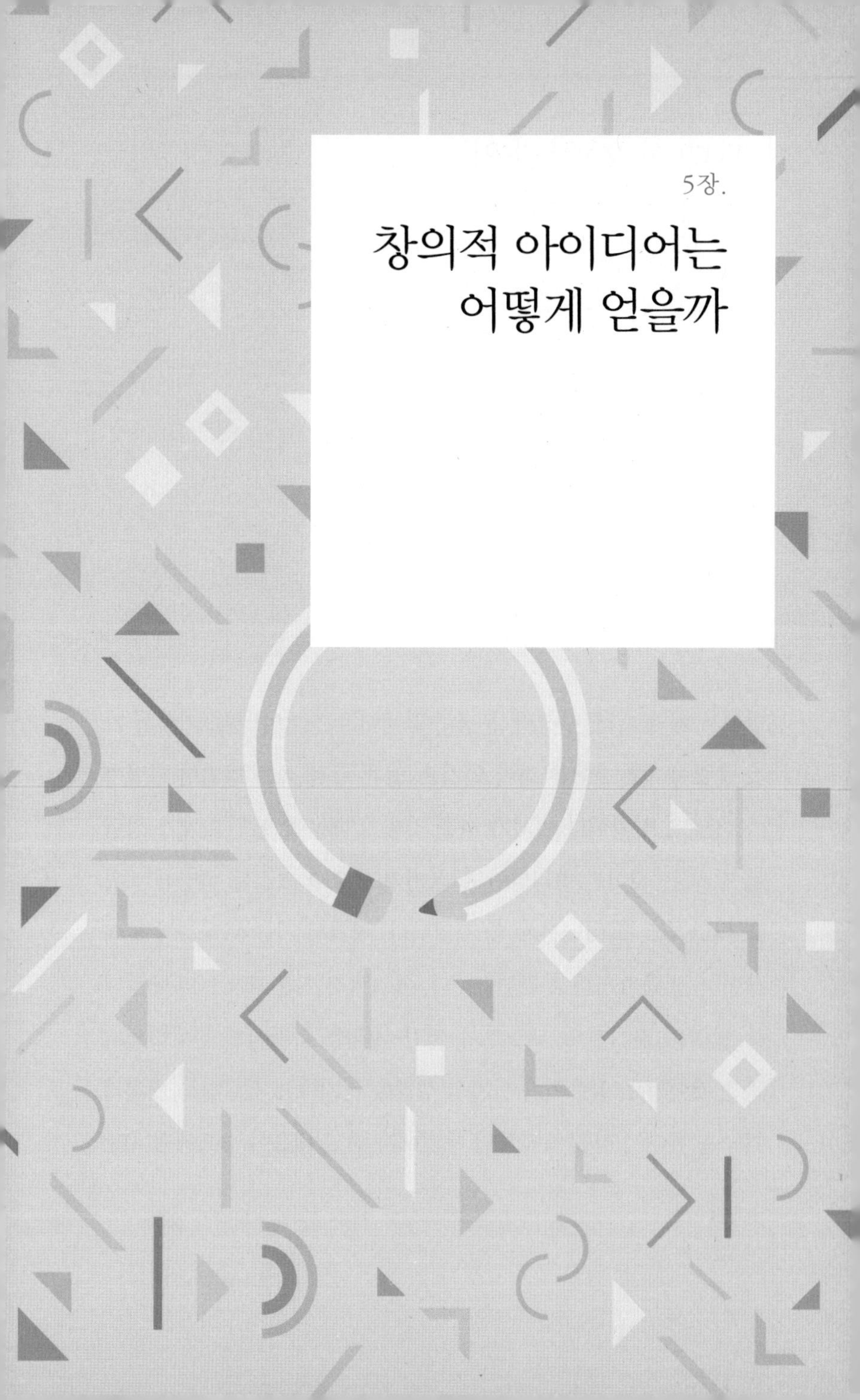

5장.

창의적 아이디어는 어떻게 얻을까

시대적 가치관의 이면 읽기

앞에서 제가 지식, 구성력, 문장력 중에서 어느 것이 글쓰기에서 가장 중요하냐고 물어본 적이 있지요. 물론 글을 쓰는 방법이 사람마다 다르고, 상황이나 과제가 다를 것이기 때문에 질문 자체가 성립될 수 없는 것이긴 합니다만, 글쓰기에 중요한 요소를 설명하기 위해 이런 질문을 여러분께 한 것입니다. 거기서 저는 여러분에게 지식이 가장 중요하다고 말했습니다. 여기서 지식은 텍스트의 메시지를 말하는 것이지요. 텍스트가 어떤 내용을 독자에게 전달하느냐 하는 것이지요. 글쓰기가 필자의 생각을 독자에게 전달하는 매체의 기능을 한다는 점을 생각하면 무엇보다 전달 내용이 중요해집니다.

독자들은 글을 읽으면서 거기서 자신이 미처 깨닫지 못했던 새로운 생각이나 의미, 견해를 듣고 싶어 합니다. 그래서 아무리 문장이 좋아도 내용이 평범하면 독자는 호기심을 느끼지 못합니다.

자, 이제 여러분은 어떤 주제로 글을 쓸지, 또 어떤 글감을 마련할지 고민해보아야 하는 단계에 왔습니다. 여러분이 가진 자원은 세 가지입니다. 하나는 여러분이 가진 경험입니다. 경험은 여러분이 살아오면서 겪었던 삶의 총체이기 때문에 여러분의 생각을 결정하는 중요한 요인 중 하나입니다. 다음은 여러분이 읽고, 배웠던 지식입니다. 이런 지식은 여러분이 어떤 판단을 내릴 때 중요한 역할을 합니다. 마지막 자원은 여러분이 어떤 글을 쓸 때 찾게 되는 정보입니다. 만약 우리가 어떤 화제에 대해 글을 써야 한다면, 여기에 대해 인터넷 자료를 찾거나 책을 보거나 전문가에게 문의하는 모든 것이 이런 정보에 해당합니다. 여러분은 이 세 가지 자원을 가지고 문제를 판단하고 여러분의 생각을 피력해야 합니다(여러분, 부디 이 세 가지 자원을 풍부하게 사용하길 바랍니다).

나의 자원 : 경험, 지식, 정보

이제 중요한 것은 세 가지 자원을 이용하여 주어진 과제(대상, 문제)에 관해 여러분의 생각을 서술해야 한다는 점입니다. 그리고 주제를 찾고 글감을 마련해야 합니다. 여기서 주의해야 할 점은 우리가 다루어야 할 대상이나 문제를 평범하게 봐서는 안 된다는 것입니다. 남들보다 더 깊이 문제나 대상을 바라보고 그 이면을 읽어내야 합니다.

우리는 모두 살아오면서 나름대로 사물을 판단하는 방식을 가지고 있습니다. 이런 방식은 대체로 특정한 시대나 문화가 가지고 있는 가치관에 의해 좌우될 가능성이 많습니다. 그래서 개인적인 판단이나 관점이라고 여기지만, 많은 부분은 시대적인 가치관에 의해 좌우될 가능성이 많답니다. 이를 프랑스 철학자 푸코Michel Foucault는 '에피스테메épistémè'라고 불렀습니다. 푸코는 '에피스테메'를 '특정한 시대를 지배하는 인식의 무의식적 체계, 혹은 특정한 방식으로 사물에 질서를 부여하는 무의식'이라고 정의합니다. 오늘날 많은 사람들이 내리는 판단의 이면에는 '자본주의', '물질주의'의 가치가 깔려 있는데, 이렇게 우리가 인식하지 못하지만 어떤 것을 판단하거나 결정을 내릴 때 영향을 미치는 시대적인 가치를 말하는 것이지요. 중요한 것은 우리가 남들이 생각하는 것과 똑같이 판단해서는 이렇게 무의식적으로 작용하는 시대적 가치관을 넘어설 수 없다는 점입니다. 맥도날드의 경영 방식을 자본주의 경영 방식인 '분업화'를 실천한 효율성 높은 방식이라고 소개하는데, 그 이면에 '자본주의', '물질주의', '효율성 우선'의 가치가 들어 있다는 점을 읽어내야 하지요. 이를 위해 사물을 겉모습만 보지 말고 그 이면을 읽을 수 있는 깊이 있는 지식과 비판적 성찰이 필요합니다.

문제를 재정의하고 분석하기

첫 번째로 우리가 해야 할 일은 주어진 과제나 문제를 다시 한번 정의하고, 분석을 통해 가능한 한 참신한 관점의 글감이나 아이디어를 얻는 것입니다. 앞에서 논의한 바대로 문제 해결이나 쟁점, 혹은 개념과 지식에 관한 과제가 제시되었다면, 우리가 할 일은 이 과제를 꼼꼼하게 분석하고 여기서 내가 쓸 글감을 찾아내는 것입니다.

문제를 재정의하는 방법은 문제에 담긴 언어나 개념을 다시 한번 검토하고 그것들의 관계를 검토해보는 것입니다. 예를 들어 '사회적 불평등을 어떻게 하면 해소할 수 있을까?'라는 과제가 있다고 합시다. 이 과제에서 우리가 눈여겨봐야 할 것은 사회적 불평등이란 개념이 무엇을 말하는지 자세히 검토해야 한다는 겁니다. 앞서 개념과 지식의 문제 유형에서도 보았겠지만 개념을 정확하고 깊이 있게 파악하는 것은 굉장히 중요해요. '사회적 불평등'이란 문제로 글을 쓰는데 그 개념을 잘 모르면 좋은 글이 나오기 힘들지요. 그래서 그 개념적 의미부터 잘 따져보아야 합니다.

다음으로 살펴볼 것은 '어떻게'라는 어휘인데, 여기서는 그것을 해결할 방법을 말합니다. 다음에 나오는 '해소'라는 단어와 맞물려 사회적 불평등을 해소할 방안을 말하는 것이지요. 그래서 이 과제에서 중요한 것은 '사회적 불평등', '어떻게(방법)', '해소'라는 어휘와 그 관계입니다. 이 세 어휘의 의미와 그 관계를 꼼꼼하게 따져봐야 합니다.

- '사회적 불평등'에서 무엇이 불평등하다는 것인가?
- '사회적 불평등'에서 '사회적'의 의미는 무엇인가?
- '불평등'이란 어느 정도의 수준을 말하는 것인가?
- '해소'라는 말은 불평등을 완전히 없앤다는 말인가, 아니면 어느 정도 없앤다는 말인가?
- '해소'는 어떤 상태를 지향한다는 말인가?
- '어떻게'란 해소의 방법을 말하는데 구체적으로 어떤 방법이 있는가?

- 해소의 방법을 개인적/사회적, 단기/장기, 소극적/적극적, 경제적/정신적 등 이분법적으로 나누면 어떤 것이 있는가?

우리는 이처럼 문제가 지닌 어휘적 정의, 어휘적 배경, 어휘적인 관계 등을 세밀하게 따져볼 필요가 있습니다. 어휘의 문제를 하나하나 따지는 것은 문제가 담고 있는 성격이나 배경, 범위를 알아보는 데 매우 유용합니다. 이렇게 어휘를 하나씩 검토해보면, 이제 질문들이 어휘 배경을 넘어 더 넓은 범위로 확대되는 것을 발견할 수 있어요. 예를 들어 그런 현상이 일어난 원인이나 이유, 결과, 비교 등을 따져볼 수 있는 기회를 얻게 되지요. 우리는 문제에 대해 항상 질문을 하고 있어야 합니다. 아인슈타인도 대상과 물체들이 그들만의 방식으로 움직이는 이유를 찾기 위해, 또 만약 규칙이 바뀐다면 어떤 일이 발생할까에 대한 해답을 찾기 위해 여러 질문을 하며 평생을 보냈다고 합니다. 어휘에서 출발한 질문들은 이제 좀 더 다양한 방식으로 확대되게 됩니다.

- 이 문제가 일어난 배경은 무엇인가?
- 이 문제가 일어난 이유나 근거는 무엇인가?
- 이 문제 속에 알려지지 않은 사실이 있는가?
- 우리가 아직 이해하지 못하는 것은 무엇인가?

- 이 문제에 대해 얼마나 알고 있는가? 이 문제에 관한 정보를 어디서 얻을 수 있는가?
- 이 문제에 관한 실제 구체적인 사례를 들 수 있는가?
- 문제를 세부 요소로 분리해낼 수 있는가?

문제를 다른 관점에서 바라보기

내용이 깊고 풍부한 글을 쓰기 위해서는 문제를 다른 관점에서 새롭게 보는 것도 매우 중요합니다. 대상이나 문제를 다른 관점에서 바라보면 우리가 미처 생각하지 못한 점을 발견해낼 수 있지요. 문제를 새로운 관점으로 보라는 말은 익숙해진 나의 관점, 시각에서 벗어나 다른 사람의 시각, 혹은 다른 관점의 시각에서 사물이나 사건을 바라보라는 말과 동일합니다. 레오나르도 다빈치도 문제를 잘 인식하기 위해서는 최소한 3가지 이상 다른 시각으로 살펴볼 필요가 있다고 말했지요. 우선 내가 아닌 다른 사람의 입장에서 문제를 한번 살펴봅시다. 만약 환경 문제가 있다고 하면 과학자의 시선에서, 또 법률가의 시선에서, 아울러 행정가의 시선에서 보는 것은 각자 다를 수 있습니다.

다음으로 사람의 시선이 아니라 문제 자체의 시각도 바꾸어 볼 수 있습니다. 이를 테면 문제가 담고 있는 시각을 완전히 뒤집어 볼 수도 있지요. 예를 들어 '자선활동'이라면 항상 바람직하고 긍정적이라고 평가하지만, 반대로 수혜자들의 독립심이나 자립성을 해칠 수 있다는 상반된 평가도 가능합니다. 사물과 대상을 언제나 남들과 똑같이 평가할 수는 없지요. 때로는 뒤집어 보고, 비틀어 보고, 속을 헤집어 보는 시각이 필요합니다. 특히 중요한 것은 문제의 이면을 바라보는 시각입니다. 그 문제가 왜 제기되었을까? 보다 근본적인 이유가 있지 않을까? 예를 들어 경제 개발에는 반드시 환경문제나 사회적 불평등과 같은 부정적인 이면이 존재하고 있습니다. 물질문명이 풍요를 가져다준다고 해서 다 좋은 것은 아니지요. 좋은 문제도 내면을 살펴보면 반드시 이상한 요소, 나쁜 요소를 품고 있기 마련입니다. 우리는 문제 속으로 뛰어들어 그런 것들을 찾아내는 것이 필요합니다.

다른 관점으로 문제를 바라보기

- 상대편의 시각으로 보기
- 다른 사람(혹은 전문가) 시각으로 보기

- 대상이나 문제를 뒤집어 보기
- 대상이나 문제의 이면을 따져보기
- 유사한 다른 대상과 비교하기

분석하고 따져보기

이제 시선을 돌려 문제 그 자체만 한번 바라봅시다. 문제를 분석해서 새롭게 정의해보고 그 문제에 담긴 의미를 검토해봅시다. 우선 문제를 꼼꼼하게 분석해 다시 한번 정의해볼 수 있습니다. 그렇게 하기 위해서는 문제를 다양한 인식의 방법을 응용해서 재검토해볼 필요가 있습니다. 여기서는 '분석-해석-비교-과정-추론'을 통해서 문제를 재검토하는 방법을 살펴보겠습니다.

'분석'은 어떤 복잡한 사물이나 일을 개별적인 요소로 나누어 보는 것을 말합니다. 예를 들어 '사람'이라면 '정신'과 '육체'로 나눌 수 있고, '육체'는 다시 '머리, 목, 배, 팔, 다리' 등으로 나눌 수 있습니다. 이렇게 세부 요소로 나누어 보면 전체를 구성하는 요소와 그것이 작동하는 원리, 방향을 살펴볼 수 있어 전체의 의미가 더 명료하게 나타날 수 있지요. 그렇다면 세부적 요소로 나눌 수 없는 대상은 어떻게 하지요? 예를 들어 대중문화와 같은 문제는 사람의 몸처럼 육안으로 나누어 볼 수 없는데 이를 추상적 대상이라고 합니다. 추상적 대상은 분석의 과정이 좀 더 복잡하고 어려울 수밖에 없겠지요. 추상적 대상은 개인적 관점, 사회적 관점, 경제적 관점, 윤리적 관점 등 관점의 시각이나 긍정적/부정적, 단기적/장기적과 같이 이분법적으로 세부 요소를 분리해 검토하면 됩니다.

'해석'은 분석 과정을 통해 알게 된 새로운 사실들에 의미를 부여하는 과정입니다. 다분히 주관적인 작업이지만 분류나 분석을 넘어 그런 현상의 원인이나 이유, 배경이나 영향을 살펴보는 것이지요. 이런 과정을 거치면 우리가 미처 보지 못했던 측면을 볼 수 있습니다. 이외에 **'비교'**는 다루는 대상이나 문제를 다른 것과 견주어 의미를 찾아내는 방법입니다. 예를 들어 대중문화의 경우에는 고급문화와 비교해보면 대중문화의 의미를 보다 잘 알 수 있겠지요.

'과정'은 어떤 대상의 내용적 절차나 방법을 하나씩 검토하는 방법입니다. 통상 요리의 레시피나 상품의 사용설명서에 '과정'의 문제가 잘 드러납니다. **'추론'**은 주어진 자료나 근거를 바탕으로 새로운 판단과 결정을 내리는 과정을 말합니다. 다시 말해 어떤 판단을 근거로 다른 판단을 이끌어내는 과정을 말합니다. 추론에서는 명료한 근거나 타당한 이유가 중요합니다. 내가 무엇을 보고 어떤 판단을 하는 것에는 그렇게 생각할 분명한 근거와 이유가 있어야 합니다. 그래서 가끔 추론을 할 때 논리적인 규칙을 사용하기도 합니다. 연역적 추론이나 귀납적 추론 같은 것이 그러한 것인데요. 글쓰기에서 주제나 글감 생성을 위해 잘 사용하지는 않습니다.

널뛰기

이 세상에는 3천이나 되는 많은 민족이 살고 있다. 하지만 널뛰기를 하는 것은 오직 한국인뿐이라고 한다. 가까운 중국에도, 일본에도 없는 놀이다. 다만 류큐琉球 지방에 그와 비슷한 민속놀이로 판무희板舞戱라는 것이 있다고 하지만 고려 말에 왕래가 잦던 사상使商들에 의해 한국에서 건너갔을 것이라는 설이 지배적이다. 서양에도 시소란 것이 있기는 있다. 그러나 한국의 널뛰기와 비교해보면 정말 어린애 장난이다. 시소는 걸터앉아 하지만 널뛰기는 서서 한다. 그래서 시소와는 벗할 수 없는 격렬한 놀이다. 높이 오를 때는 자기 키보다 높게 솟아오른다. 실제로 널뛰기를 하는 사람의 맥박 수는 1분당 1백73~1백74나 된다. 배구나 배드민턴보다도 높은 수치다.

고려 때 여성들은 말타기나 격구擊毬 같이 여성으로는 믿어지지 않을 정도의 과격한 놀이를 즐겼다고 한다. 그래서 널뛰기도 역시 고려 때의 그 풍습에서 나온 것이 아닌가 추측하는 사람도 있다. 정말 널뛰는 광경을 보고 있으면 어째서 한국 여성들이 여러 스포츠 분야에서 남성들이 해내지 못한 세계 정상의 자리를 차지하게 됐는지 짐작이 간다. 육체만이 아니다. 널뛰기는 그 정신적인 면에서도 적극성을 보여준다. 그것이 옥에 갇힌 남편을 보기 위해 생각해낸 놀이였다는 전설이 그렇다. 다른 죄인의 아내를 꾀어 함께 널뛰기를 하면서 담 너머 깊숙이 갇혀 있는 남편의 모습을 보았다는 것이다. 그 전설이 아니더라도 널뛰기가 울안에만 살아왔던 여인네들이 담 밖의 세상을 구경하고 외간남자의 모습도 엿보기 위해 만들어진 놀이라는 속설도 있다.

분명 널뛰기는 한 치라도 더 높이 솟아오르고자 하는 초월의 욕망을 표현한다. 어떤 분수, 어떤 용수철이, 아니면 어떤 발레리나가 저렇게 수직으로 뛰어오를 수 있겠는가. 다홍빛 치마폭

이, 꽃 자주 댕기꼬리가 깃발처럼 펄럭이면서 담장 위로 솟아오를 때 우리는 일시에 중력에서 벗어나 하늘로 상승하는 해방의 몸짓과 자유의 율동을 본다. 신 내린 무당이 춤추는 것과도 같다. 그래서 널뛰기의 널을 널棺이라고 보는 민속학자도 있다. "널은 우리 선조가 하늘나라에 세웠다는 자미원紫微垣의 저승으로 죽은 자의 혼을 보내는 배"라는 설이다. 이렇게 널뛰기가 무속 의식에서 나왔다는 말을 보더라도 그것은 분명 카유아의 분류대로 현기증을 즐기는 '일링크스Ilynx'에 속하는 놀이라고 정의할 수 있다.

하지만 우리가 주목해야 할 것은 그것이 승부를 겨루는 경쟁의 성격을 지닌 '아곤Agon'의 놀이에 속한다는 점이다. 이규태 씨의 설명을 들어보자. 널뛰기에서 허리 높이까지 뛰면 외방울을 달아주고, 어깨 높이까지 뛰면 쌍방울을 달아준다. 그리고 사람 키를 넘을 정도로 높이 뛰는 사람에게는 세 방울을 채워준다. 그래서 널뛰기 챔피언이 되면 다른 사람보다 더 높은 품삯을 주고 너도나도 데려가려고 했다. 널 잘 뛰는 여자가 씨를 뿌리면 그해 곡식이 잘된다는 속신俗信 때문이다. 널뛰기의 힘은 곧 곡식들이 자라 하늘로 솟아오르는 그 성장의 힘과 같다고 생각했던 것이다.

그러나 이상한 것은 널뛰기가 높이 올라가는 경주이면서도 다른 것과는 달리 경쟁자의 리듬과 호흡에 맞추지 않고서는 불가능한 경기라는 사실이다. 어떻게 해서든지 상대방이 공을 받을 수 없게 서브를 먹이고 볼을 깎아 스매싱을 하는 탁구나 테니스 같은 경기와는 아주 다르다. 널뛰기는 경쟁자를 이기기 위해선 널빤지에서 떨어뜨려야만 한다. 그러자면 상대방이 높이 오르도록 힘껏 굴러줘야 하고 힘껏 구르기 위해서는 상대편의 리듬과 타이밍을 잘 맞춰줘야 한다. 결국 널 위에서는 누구나 경쟁자이면서 동시에 협력자가 돼야만 하는 것이다.

그것을 받는 상대편도 마찬가지다. 상대가 구르기 전에 먼저 뛰어오르거나 굴러주는데도 가만히 있으면 널뛰기는 계속될 수 없다. 힘껏 구르는 경쟁자의 힘을 이용해 높이 솟아야 다음에 자신도 상대방을 힘껏 굴러줄 수 있다. 이래서 모두 함께 높이 오르는 경주를 펼치게 된다. 교대로 오르락내리락하는 정반대의 운동을 하면서도 서로의 반동을 이용하고 그 리듬과 균형에 맞춰 너와 내가 한 몸이 될 때 널뛰기의 신바람과 경주가 자연스럽게 이뤄진다.

한마디로 널뛰기의 특성은 협력이 경쟁으로 통하고 경쟁이 협력으로 변하는 특이한 승부의 양식에 있다. 허리 끝에 단 상대방의 방울 소리를 들으며 서로 균형과 장단을 맞추는 널뛰기의 게임은 박자를 맞춰가며 노래를 부르는 아름다운 듀엣과도 같다. (…)

지식 정보화시대의 기업환경에서는 경쟁만으로는 성공할 수 없다. 경쟁자를 완전히 괴멸시키거나 나치 전략처럼 씨를 말리는 작전은 더 이상 통용되지 않는다. 윤리적으로 그렇다는 것이 아니라 구조적으로 그렇게 돼 있다. 네트워크 시대의 제품들은 모두가 유기적으로 링크돼 있어 아무리 뛰어난 기술력이라도 타 제품과의 호환성이 없으면 폐물이나 다름없다. 그래서 '디팩토 스탠더드'(실질적 표준)를 만들지 않으면 자사의 제품을 글로벌화할 수 없다. 소니는 비디오산업에서 경쟁기업을 따돌리기 위해 베타맥스의 포맷을 독점 고수했다. 그러나 빅터의 VHS는 여러 경쟁업자에게 셰어해 시장의 표준형이 되도록 협력 전략을 썼다. 결과는 소니의 대패였다. 무엇보다도 오늘날의 산업구조는 한 기업이 모든 것을 개발하고 독점할 수 있도록 돼 있지 않다. 그렇게 경쟁이 심한 미국의 자동차회사 빅3가 같은 홈페이지를 사용해 전 세계로부터 부품을 조달받고 있는 세상이 된 것이다.

어느 경제학자의 말대로 무엇이든지 혼자서 다 하려는 것은 농민적 발상이다. 도시는 자급자족이 아니라 필요한 것만 자기가 생산하고 나머지는 슈퍼에서 다 산다. 분업과 협업의 관계가 일어난다. 국가 간에도 식량을 1백% 자급하는 나라는 전쟁의 위험에 빠진다. 주위에서 경계하기 때문이다. 그러나 서로 분업을 해 협력체제로 가면 전쟁은 곤란해진다. 설령 독점할 수 있어도 오늘날의 경쟁사회에서는 용납되지 않는다. 독점금지법의 철퇴가 기다리고 있기 때문이다. 마이크로소프트가 윈도의 경쟁자인 매킨토시와 제휴해 자금을 제공했던 것도 그 철퇴를 피하기 위한 전략의 하나였다고 할 수 있다. (…)

인간만이 아니라 생물의 모든 유전자에는 경쟁에서 이기려는 맹목적인 의지가 각인돼 있다. 그러므로 경쟁심을 없애는 사회보다는 그 경쟁의 방법이나 의식을 고치는 작업이 요구된다. 그것이 우리가 일찍부터 갖고 있었던 널뛰기의 경협원리다. 그런데 현실은 어떤가. 배고픈 것은 참아도 배 아픈 것은 못 참는다는 병든 경쟁심과 '네가 뭔데', '네가 별거냐'라는 평등 아닌 무등 의식이 오늘의 한국을 늪에 빠뜨리고 있다.

협력이 경쟁이 되고 경쟁이 협력이 되는 널뛰기 경쟁원리야말로 우리 사회가 미래로 나가는 출구요, 그 화살표다. 그렇다. 이기기 위해서는 오히려 경쟁자의 호흡에 맞춰 힘껏 굴러줘야 한다. 그래서 하늘 높이 솟아오르면 거기 행복한 우리 미래의 마당이 보인다.

- 이어령, 《중앙일보》, 2001. 8. 24.

위의 글은 이어령 교수가 쓴 칼럼을 발췌한 글입니다. 이 글을 읽어보면서 참 재미있다는 생각을 합니다. 우리가 시골 마을이나 전통 공원에서 볼 수 있는 널뛰기를 두고 이렇게 해석하고 추론했다는 것을 보면 참 대단하다는 생각이 드는 것이지요. 널뛰기를 현대 산업의 경쟁원리와 연결시킨 것은 뛰어난 아이디어 발상이라고 말할 수 있습니다.

위의 예문이 어떻게 아이디어를 생성했는지 한번 살펴볼까요? 먼저 저는 이 글의 필자가 널뛰기를 단순히 보지 않고 세심히 관찰했다는 점을 지적하고 싶어요. 널뛰기는 널빤지 위에서 상대방이 굴러주는 힘으로 뛰어오르게 되어 있는데, 경쟁의 게임임에도 불구하고 상대방과 리듬을 맞추어야 한다는 점에 특징이 있습니다. 나만 열심히 뛴다고 높이 올라가지 않기 때문에 상대방과 경쟁과 협조가 함께 이루어지는 것이지요. 그래서 이 글의 필자는 널뛰기가 널 위에서 "경쟁자이면서 동시에 협력자"가 되어야만 하는 게임이라고 말합니다.

저는 널뛰기를 보면서 이런 점을 찾아낸 것은, 문제를 세심히 관찰하고 그것이 어떠한지 다시 검토한 필자의 창의성 덕분이라고 봅니다. 문제나 대상을 단순히 받아들이지 않고 그것이 가진 과정을 세밀히 관찰하고 검토한 것입니다. 널뛰기를 잘하는 것은 단순히 널을 뛰는 한 사람의 문제가 아니라 상대방과 어떻게 조화를 맞추느냐에 달려 있다는 것을 찾아낸 것이지요. 이런 것은 널뛰는 한 사람에만 초점을 두지 않고 상대방까지 함께 바라보면서 서로의 상호 관계에 초점을 둔 덕분에 가능했습니다. 널뛰기를 다양한 시각에서 관찰한 것입니다.

저는 이 예문에서 가장 돋보이는 것은 널뛰기의 협업을 기업의 협업 문제로 확장한 것이라고 봅니다. "협력이 경쟁이 되고 경쟁이 협력이 되는 널뛰기의 경쟁원리"가 오늘날 모든 것이 네트워크화되어 있는 국제 사회에서 기업이 가져야 하는 경쟁원리로 관점을 이어간 것입니다. 그래서 널뛰기의 경쟁원리가 기업이 갖추어야 하는 협업적 경쟁원리로 확장되고 있습니다.

이 글에서 널뛰기를 '상호 관계와 협업'이라는 새로운 관점으로 본 것, 또 널뛰기를 해석해서 기업의 협업적 경쟁원리로 추론한 것은 뛰어난 창의성의 발상이라고 볼 수 있습니다. 이렇게 두 현상을 하나로 연결해 의미 있는 생각을 만들어내는 일은 쉬운 것이 아닙니다. 언뜻 보면 두 사물이 연관이 없어 보임에도 불구하고 그 연관성을 찾는 일은 때로 엄청난 과학적 발전을 만들어내기도 합니다. 레오나르도 다빈치는 언젠가 우물 주위에 서 있다가 교회 종탑에서 종이 울리는 것을 들은 적이 있지요. 그리고 우연히 떨어진 돌로 인해 우물의 물이 파장을 이루는 것을 보고 소리도 그러할 것으로 유추했습니다. 시각과 청각을 통해 소리가 파동으로 이루어진 것을 인식한 겁니다. 서로 상관없어 보이는 것에서 연관성을 찾고 의미를 부여하는 것은 글쓰기를 위해 아이디어를 얻는 가장 중요한 과정의 하나입니다.

6장.

구조는 흐름이다

구조 짜기의 필요성

이제까지 우리는 텍스트 작성에서 가장 중요한 주제와 내용 생성에 관한 문제들을 검토했습니다. 지금부터는 글이 어떻게 전개되어 구성되는지에 대해 간단히 이야기할까 합니다. 스티븐 킹의 책에는 "낱말이 모여 문장을 이룬다. 문장들이 모여서 문단을 이룬다. 때로는 문단들이 살아나서 숨을 쉬기 시작한다"라는 구절이 있어요. 이 말은 문단이 구성되어야 비로소 이야기가 만들어져 전체적인 의미가 잡히기 시작한다는 뜻입니다. 우리가 영화를 볼 때 한 20~30분 정도 지나야 비로소 스토리의 의미가 어렴풋이 떠오르는 것과 비슷하지요. 문단은 문장을 모아서 구성되지만 전체 주제나 이야기의 흐름을 한 단위씩 모아준다는 의미를 가지고 있습니다. 그래서 전체 글의 흐름을 알려면 문단이 어떻게 구성되었나를 보면 알 수 있는 경우가 많습니다.

글의 구성을 어떻게 잡고 시작하는 것이 좋을까요? 글을 쓸 때는 거칠게나마 문단의 흐름을 설계하고 시작하는 것이 좋습니다. 여기서 '거칠게'라고 말한 것은 너무 세세하게는 하지 말라는 뜻입니다. 너무 세세한 개요는 오히려 자유로운 생각들을 방해할 우려가 있습니다. 지금까지 나온 외국의 실험을 보면, 개요 작성이 좋은 글을 쓰는 데 방해가 되는 경우가 많았습니다. 자세한 개요를 작성했을 때 많은 사람은 그 개요표대로 글을 쓰게 됩니다. 학생들은 수업 시간에 작성한 개요표를 책상 앞에 붙여놓고 그대로 따라 씁니다. 그런 경우 정말 살아 있는 글이 되기 힘듭니다. 글을 쓰면서 아이디어가 새롭게 떠오를 수 있는데 그런 것들을 모두 죽이게 되지요. 아! 잠깐. 그렇다고 개요를 전혀 작성하지 말라는 뜻은 아닙니다. 좀 여유를 가지고, 변화의 여지를 두고 거친 개요를 작성하는 것이 더 좋을 것 같다는 뜻입니다. 물론 이 경우도 사람마다 다를 수 있습니다.

학생들에게 물어보면 여러 의견이 나옵니다. 좋은 글을 쓰는 데 개요 작성이 반드시 필요하다는 학생도 있고, 그렇지 않다는 학생도 있습니다. 그런데 자세한 개요를 작성하는 학생들은 대체로 그 개요를 책상 앞에 붙이고 그대로 글을 작성하는 경우가 많습니다. 그리고 다 쓰고 보면 전체 글의 흐름이 이상해지는 경우가 많습니다. 그래서 저는 개요를 작성하되 그 개요로부터 자유로울 수 있는 학생들만 자세히 작성하라고 합니다. 개요로부터 자유로울 수 있다는 말은, 문장의 흐름을 잘 살펴보고 문장의 흐름이 가는 대로 따라가야 하지 개요를 무조건 추종해서는 안 된다는 뜻입니다. 그렇게 할 자신이 있는 사람은 개요를 자세히 써도 되겠지요. 제일 중요한 것은 문장의 흐름입니다. 독자는 오로지 여러분의 문장만을 읽지, 여러분의 머릿속 생각, 여러분의 개요를 보는 것은 아니랍니다. 그래서 개요는 도움이 되기도 하지만 아니기도 합니다. 여러분이 스스로 자신의 글쓰기 성향을 보고 판단해야 하는 문제입니다.

글의 구성 규칙

이 밖에 우리가 고려해보아야 할 문제 중 하나는 작문 책에서 많이 보는 구성 규칙에 관한 것입니다. 작문 책을 보면 구성 부분에서 몇 가지 구성 규칙을 발견할 수 있지요. 예를 들면 아래와 같은 것입니다.

- 서론, 본론, 결론
- 기-승-전-결
- 도입-발단-전개-절정-결말

이런 규칙들은 대체로 이미 작성된 글의 구성 흐름을 보고 정한 것입니다. 그래서 읽기 분석이나 독해 평가에 잘 사용되지만, 실제 글을 쓸 때 효용성이 있을지는 의문입니다. 서론, 본론, 결론은 논문과 같은 글에서 가이드라인의 역할을 할 수 있겠지만 그 외의 효용성은 그렇게 크지 않을 겁니다. 오히려 글의 흐름을 이런 구조 속에 끼워 맞추면 좋은 글이 나올 수 없게 됩니다. 여러분의 생각이 이런 구조 속에 꼭 끼워 맞추어져 있다고 생각해보십시오. 아마 굉장히 답답하게 여겨지고 꽉 막힌 느낌이 들 겁니다. 아울러 자유로운 생각도 불가능해질 겁니다.

글의 구조는 어떻게 만들어지는 것일까요? 글의 구조를 규칙으로 만들 수 있을까요? 글의 구조는 생각의 흐름과 이어집니다. 우리는 통상 생각의 한 묶음을 단락에서 찾습니다. 단락은 사실 전체 스토리 중 한 생각의 묶음이라고 할 수 있지요. 이런 묶음이 이어져 전체 이야기가 됩니다. 즉, 단락과 단락은 전체적인 의미로 연결되고, 전체적인 의미는 필자가 말하고자 하는 주제나 주장과 이어집니다. 그래서 단락과 단락은 서로 연관성을 가져야 하고 통일성이 있어야 하며 일관성이 있어야 합니다. 예를 들어 '유행'에 관한 이야기를 한다고 하면 '유행'이라는 주제의 틀을 벗어나지 않는 것이 통일성이라 할 수 있고, '유행'이라는 주제의 틀에 맞춰 단락의 논의들이 연결되어 일사분란하게 흐르는 것이 일관성이라 할 수 있습니다. 생각이 엇길로 빠지지 않도록 하는 것이 중요하지요.

단락 내의 일관성 → 단락 간의 일관성 → 주제의 일관성

앞서 글의 구조를 생각의 흐름이라고 했습니다. 이 생각은 결국 글에서 자신이 말하고자 하는 주제에 해당합니다. 자신이 말하고자 하는 내용을 어떻게 전개해서 원하는 목적을 이룰 수 있을까요? 글의 구조를 생각할 때 가장 중요한 것은 필자가 말하고자 하는 글의 주제, 글의 서두와 말미, 내용의 전개 방식입니다.

- 글의 주제(필자가 말하고자 하는 주장)
- 글의 서두와 말미
- 내용의 전개 방식

글의 구조는 이 세 가지 요소를 궁리하는 가운데 만들어집니다. 먼저 내가 어떤 내용을 주장할 것인지를 결정해야 합니다. 가장 중요한 것은 글의 주제를 찾는 것이지요. 물론 글의 주제를 결정하기 위해서는 자연히 내가 다룰 대상을 먼저 결정해야 하겠지요. 주제는 내가 다룰 대상을 포함한 개념입니다.

글의 흐름 찾기

다음으로 글의 흐름을 찾기 위해 해야 할 것은 주제에 맞는 내용이나 자료를 찾는 일입니다. 글의 흐름을 찾는 데 글의 내용이나 자료는 핵심적인 역할을 합니다. 앞서 말했듯이 글의 흐름이 내가 주장하는 바의 논리 흐름이라면, 그것을 찾기 위해서는 핵심적인 글의 내용이 중요합니다. 왜냐하면 글의 논리적 흐름은 결국 이야기가 흘러가는 내용에 의해 결정되기 때문이지요. 다시 말해 재료가 있어야 재료를 어떻게 요리해 좋은 음식을 만드느냐가 결정되지요. 그래서 글의 흐름(구성)을 찾기 위해서는 먼저 재료를 찾고 내용을 결정해야 합니다.

마지막으로 생각해야 할 것은 글의 흐름을 찾는 겁니다. 어떻게 글의 흐름을 찾아야 할까요? 중요한 것은 여러분이 찾아놓은 재료입니다. 이 재료를 가지고 여러분이 생각한 주제를 구현할 때 어떤 식으로 전개해야 좋은 글이 될지, 또 독자가 가장 잘 납득할 수 있을지를 고민해보아야 합니다. 여기서 가장 중요한 것은 서두와 결말을 대강 정해두는 겁니다. 서두를 어떤 식으로 시작할지를 결정하면 그다음은 가장 설득력 있는 전개 방식을 찾으면 됩니다. 이제 예문을 가지고 이런 내용을 한번 살펴보기로 합시다.

식사 메뉴도 통일? '다양성 지수' 좀 높입시다

15년 전쯤, 교환학생으로 온 한 교포에게 물었다. "한국에서 뭐가 가장 인상적이야?" "자동차가 모두 똑같이 생겼어." "……." 충격이었다. 나는 한 번도 그런 생각을 해본 적이 없었기 때문이다. 그 말을 듣고 거리를 달리는 자동차들을 유심히 관찰했던 기억이 난다. 물론 지금의 거리 풍경은 달라졌다. 자동차의 다양성 지수는 그동안 상당히 증가했다.

다른 문화에 대한 경험은 결국 우리 자신을 되돌아보게 하는

법. 외국 출장을 가서 늘 느끼는 것은 아직도 우리 사회가 지나치게 획일적이라는 사실이다. 며칠 전에는 하와이에 출장을 다녀왔다. 멋진 해변이 즐비한 유명 관광지다 보니 비키니 패션도 가지각색이었다. 그런데 그 해변에서 가장 인상적인 광경은 그 수영복의 개성만큼이나 다양한 사람들의 몸매였다. 늘씬한 사람들(여성이든 남성이든)만 몸매를 드러내고 해변을 즐기는 것이 아니었다. 우리 같으면 민망하다고 생각해 해변에서도 꽁꽁 싸맬 몸매들이 거기서는 자유를 누리고 있었다. 왜 이런 차이가 있을까?

물론 서양 사람들이 한국인들에 비해 더 개인주의적이고 독립적으로 사고한다는 사실은 익히 알려져 있다. 우리 직장의 회식 풍경을 보자. 그 자리에 가면 이미 음식은 누군가에 의해 일괄적으로 주문돼 상에 올려져 있다. 시간을 절약하려는 차원도 있겠지만 '선택의 다양성'을 꺼리는 문화도 한몫한다. 이렇게 미리 준비된 회식 자리가 아니라면 어떤가? 부장이 김치찌개를 주문한다. 과장도 '나도 그거요'라고 이어받는다. 조금 튄다던 신입사원은 한참 메뉴판을 뒤적이다가 허무하게 "아무거나 주세요"라고 외친다. 버거나 오믈렛도 자신의 취향대로 재료를 선택해 맞춤형으로 먹는 서양인들의 입장에서는 결코 이해하기 힘든 주문법이다. 내 돈을 내고 사 먹는데 "아무거나 달라"니.

우리는 정말 다양성이 불편한 사람들이다. 대세를 따르지 않는 것에 대한 두려움과 튀는 행동으로 낙인찍힐 수 있다는 것에 대한 염려가 적지 않은 사회다. 그러니 서양인들에 비해 물건이나 상품의 다양성뿐만 아니라 절차와 제도의 다양성도 버겁다. 하지만 가장 부담스러운 것은 생각의 다양성이다.

나는 이 대목에서 '생각 다양성Idea-Diversity' 또는 'I-diversity'라는 이름을 붙여주고 싶다. 그것은 한 개인이 똑같은 현상에 대해 얼마나 다양한 생각을 할 수 있는지, 그리고 집단 전체적으로 그런 생각의 개수가 얼마나 많은지를 나타내는 지수다. 가령 비키니 착용과 관련해 콜라병 몸매의 젊은 여성만이 그럴 자격이 있다는 생각과 어떤 몸매를 가진 누구든 비키니를 입을 자유가 있다는 생각, 그리고 더 나아가 몸매에 대한 어떤 편견도 없는 생각은 생각 다양성의 지수 면에서 큰 차이가 있다. 이 경우에는 뒤로 갈수록 지수가 더 높아진다.

이런 관점에서 보면 우리 사회의 생각 다양성 지수는 높지 않다. 집단주의적이고 상호의존적인 동아시아 문화를 유산으로

물려받았기 때문만은 아닐 것이다. 대학입시 관문 앞에 그 개성 넘치는 아이들을 성적순으로 줄 세우는 교육제도는 생각 다양성의 주적이다. 한참 생각 다양성을 분출시킬 나이의 청년들을 군대에 보내야 하는 상황은 남북 대치 상황에서 어쩔 수 없는 일이긴 하지만, 국가의 생각 다양성 지수를 갉아먹는 주요인이다. 좁은 국토에 많은 주민을 수용하기 위해 활용돼온 아파트 문화는 일상에서 생각 다양성을 정체시키는 외부 환경요인이기도 하다. 그게 그거인 공간을 매일 똑같이 드나드는 우리의 뇌에서 새로운 생각이 샘솟을 리 없다.

물론 왜 생각이 다양해야 하느냐고 반문할 수 있을 것이다. 꼭 획일적이진 않더라도 비슷비슷한 생각이 존재해야 통합도 잘되고 일사불란하게 잘 돌아가며 비용도 적게 들지 않겠느냐는 것이다. 아주 틀린 말은 아니다. 하지만 생각 다양성 지수가 낮아야 좋은 환경, 또는 그 지수가 낮아도 잘 돌아가는 시대는 이제 지나갔기 때문에 올바른 해답은 될 수 없다. 우리가 처한 환경은 수많은 가치와 엄청난 복잡성, 그리고 다양한 문화와 인종이 공존하는 생태계다. 이 생태계에서 살아남고 영향력을 행사하며, 더 나아가 지속가능한 미래를 준비하기 위해서는 생각 다양성의 가치가 필수적이다. 획일적 생각은 급변하는 지식생태계에서 미래를 보장받지 못한다. 오늘날 많은 사람이 '생물종 다양성biodiversity'을 중시하는 것도 이런 식으로는 가까운 미래에 우리 인류가 멸절할지도 모른다는 두려움 때문이다. 나는 이제 우리가 '생각 다양성'도 신경 써야 할 시점이라고 생각한다.

막내 아이가 미국에서 잠시 다녔던 유치원에서는 매주 하루씩 짝짝이 양말을 신고 오는 날이 있었다. 어렸을 때부터 생각 다양성을 길러주는 문화라는 생각에 깊은 인상을 받았다. 이번 새 학기에는 학생들에게 이런 비슷한 경험을 해주려고 고민 중이다. 음…… 신발을 짝짝이로 신고 오게 해볼까? 오, 내 창의력의 빈곤함이여!

– 장대익, 《중앙일보》, 2012. 3. 3.

위의 예문은 우리 사회에 '생각 다양성'이 필요하다는 주장을 담은 장대익 교수의 칼럼입니다. '생각 다양성'이란 주제를 어떻게 선정했는지 알 수 없지만 우리가 미처 생각하지 못한 참신한 주제란 사실은 틀림없습니다. 아마 하와이 출장 중 다양한 수영복을 입은 사람과 몸매를 보면서 생각이 난 게 아닌가 싶습니다. 우리가 사는 공동체를 벗어나 하와이의 해변과 같은 전혀 다른 공동체 속의 풍경을 볼 때 비로소 우리 사회와의 차이점이 보일 수 있는 것이지요. 이런 점이 여행의 장점이 아닐까 생각합니다. 외국에서 다양한 사람들의 모습을 보면서 우리 사회의 획일성을 떠올린 것이 이 글의 주제가 되었을 것으로 추정됩니다.

어쨌든 우리 사회가 최근에 많이 다양해지기는 했지만, 아직 개인의 개성보다는 전체의 조화나 공동체 정신을 더 강조하는 것이 사실입니다. 위의 예문에 나오는 이야기들은 흔히 우리 사회에서 이미 많이 경험하는 것이지요. 지금은 외제차가 많아 다양화되었지만 이전에는 색상이나 디자인이 비슷비슷한 국산차만 있던 것도 그렇고, 동료들과 점심을 먹으러 식당에 갔을 때 메뉴 선택 과정도 우리가 흔히 보았던 광경입니다. 이런 점에서 보면 우리 사회에 '생각 다양성I-diversity'이 필요하다는 필자의 주장은 충분히 이해할 수 있는 측면이 있습니다.

이제 여러분이 '우리 사회에 생각 다양성을 높일 필요가 있다'라는 주제로 글을 쓴다고 합시다. 우선 이와 관련된 다양한 자료들이나 글감들을 마련해야 합니다. 여러분이라면 어떤 글감이나 자료를 찾겠습니까? 간단히 추측해볼 수 있는 것들만 먼저 이야기해볼까요? 우선 생각 다양성을 설명할 자료가 필요합니다. 생각 다양성이 무엇인지를 독자들에게 이해시킬 필요가 있으니까요. 설명할 자료를 찾았다면 필자는 이 자료를 이용해 직접 생각 다양성이 무엇인지 설명할 수 있습니다.

다음으로 우리 사회에 생각 다양성이 부족하다고 했으니 이에 관한 실제 사례를 찾아야 합니다. 왜냐하면 우리 사회에 생각 다양성이 필요하다는 주장을 하기 위해서 실제 우리 사회가 그렇다는 것을 보여주어 독자들이 직접 공감해야 하기 때문이지요. 독자들이 동의하지 않는다면 필자의 주장은 납득되기 어렵습니다. 그래서 생각 다양성이 부족한 여러 사례들을 찾고, 가능하다면 생각 다양성이 높은 서구 사회나 그 밖에 다른 사회의 사례나 증거도 함께 제시해주면 더 좋습니다.

이 밖에 우리가 생각 다양성을 주제로 글을 쓴다면 반드시 생각해야 할 글감으로 우리 사회에 생각 다양성이 부족한 원인이나 이유 같은 것이 있습니다. 이 글은 '우리 사회에 생각 다양성이 부족하다'는 것을 전제로 삼고, 그것을 고쳐야 한다는 뜻을 품고 있기 때문에 그 이유나 원인을 진단하는 것은 반드시 필요합니다. 왜 우리 사회는 생각 다양성이 부족한 것일까? 유교 사회의 영향 때문에? 경쟁 사회의 획일성 때문에? 다양한 원인이나 이유, 근거가 있겠지만 이런 것을 진단하여야 자기주장을 더 선명하게 드러낼 수 있습니다. 또 독자들도 납득하기가 쉬워집니다.

우리 사회에 생각 다양성 지수를 높이려면 어떤 방법이 있을지 생각해보는 것도 가능합니다. 일종의 해결책이지요. 그리고 이와 같은 해결책은 글의 말미에 쓸 수 있습니다. 이 밖에 또 어떤 자료들이 있을까요? 생각 다양성이 나타나면 달라질 사회의 분위기를 예상해보는 것도 중요하겠지요. 우리 사회에 생각 다양성이 풍부해지면 달라질 풍경을 보여주는 것은 독자들이 필자의 주장에 동의하도록 만들 계기가 됩니다.

이런 글감과 자료를 정리하면 다음과 같습니다.

- 생각 다양성의 개념 정리
- 우리 사회의 생각 다양성 부족 사례
- 다양성이 풍부한 사회의 구체적 사례
- 우리 사회의 생각 다양성 부족 이유와 근거
- 생각 다양성 부족 현상 해결책

이제 이런 자료를 모았다면 이것을 가지고 글의 흐름을 구상해 볼 수 있습니다. 서두에 무엇을 쓰고, 그다음에 이런 이야기를 해서, 다음에 무엇을 말하고, 마지막에 이렇게 마무리한다는 식으로 논리적 흐름을 잡는 것이지요. 이런 논리적 흐름이 바로 글의 구조가 됩니다. 그리고 이런 논리적 흐름은 필자에 따라 여러 형태로 나타날 수 있습니다.

위의 예문은 다음과 같은 논리적 흐름을 가지고 있습니다.

유학생의 우리 사회 다양성 부족 지적 [서두 예화]

⇩

하와이 출장 중 다양성 경험 사례 [서두 예화]

⇩

우리 사회의 다양성 부족 비판 [문제 제기]

⇩

생각 다양성 개념 도입 필요성 강조 [전개·심화]

⇩

우리 사회 생각 다양성 부족의 이유 [원인·이유]

⇩

생각 다양성의 필요성 강조 [해결·주장]

⇩

생각 다양성 사례 [마무리 예화]

이 글은 우리 사회의 부족한 현상을 찾고 이에 대한 원인과 이유를 탐색하고, 해결책을 강구하는 그런 구조를 가지고 있습니다.

글은 서두로부터 마무리로 진행해가면서 의미가 구체화되는 형식을 가집니다. 처음에는 생각 다양성이 무엇인지도 모르다가 차츰 생각 다양성이 필요하다는 필자의 의견을 따라가게 되지요. 이렇게 글이 진행되면서 차츰 만들어지는 의미를 학자들은 '거시 구조'라고 설명합니다. 말하자면 '거시 구조'는 텍스트를 읽으면서 점차 필자가 무엇을 말하고자 하는지 알게 되는 구성의 인식 방식을 말하는 것이지요.

반대로 '주제'라는 표현은 한 텍스트에 들어 있는 중심 생각이란 뜻으로 다분히 고정적인 의미가 많습니다. 필자는 '주제'를 가지고 글을 쓰고, 독자는 글을 읽으면서 '거시 구조'를 형성해서 필자가 의도하는 주제를 알게 됩니다. 따라서 우리는 글을 쓸 때 독자가 텍스트를 읽으면서 서서히 의미를 만들어간다는 생각을 염두에 둬야 합니다. 독자가 쉽고, 천천히, 의미 있게 필자의 생각을 인지할 수 있도록 글의 구조를 잘 배치해야 합니다.

글감과 자료의 기능과 순서

주제를 정하고 글감과 자료를 모을 때 그 글감이나 자료들이 어떤 기능을 할지 필자 여러분은 잘 검토해보아야 합니다. 모은 글감과 자료들 중 어떤 자료는 원인이나 이유를 제시하는 기능을, 또 다른 자료는 예시나 사례의 기능을 할 수 있습니다. 이 밖에도 여러 자료들은 다양한 기능을 할 수 있습니다. 예를 들면 문제 제기나 전개 및 심화, 또 해결·주장의 기능을 할 수 있지요. 여러분이 글의 전개를 어떤 방식으로 짜느냐에 따라 글감이나 자료들은 아래와 같은 다양한 기능을 할 수 있습니다. 중요한 것은 이런 기능 요소들을 짜맞추어 하나의 스토리를 만드는 겁니다. 친구에게 이야기를 들려주듯이 내 생각을 말하며 설득하는 것이지요. 글을 그런 느낌으로 작성하면 됩니다.

- 배경 요소 : 보통 서두에 나오거나 나오지 않기도 한다.
- 문제 제기 요소 : 보통 서두 부분에 나온다.
- 해결·주장 요소 : 문제의 해결책을 제시하거나 어떤 주장을 한다.
- 예시·사례 요소 : 주장이나 근거의 실제 사례나 예시, 예화를 제시한다.
- 원인·이유 요소 : 제시하는 문제나 주장에 대해 원인, 이유를 설명한다.
- 전개·심화 요소 : 논의의 범위를 넓히고, 깊이를 더해간다.

여러분이 찾은 글감이나 자료를 각각의 기능에 맞춰 글의 흐름에 따라 배치해보기 바랍니다. 예를 들어 문제 제기 요소가 있는 글감이나 자료는 당연히 텍스트의 앞부분에 배치되겠지요. 해결·주장 요소는 텍스트의 후반부에 제시될 가능성이 높습니다. 이처럼 여러 기능들은 글의 흐름에 따라 앞부분, 중간, 뒷부분에 배치될 수 있어요. 여러분이 생각해야 할 것은 말하고 싶은 메시지를 친구에게 전달해야 한다는 겁니다. 메시지를 전달하기 위해서 어떤 순서로 쓸까? 서두에서는 무엇을 이야기하고, 어떻게 글을 전개해서, 어떻게 글을 마무리할까? 글을 쓰기 전, 쓰면서 고민하고 고민해야 하는 부분은 그런 것입니다.

자, 주제 종류에 따라 글감과 자료의 순서가 어떻게 될지 한번 검토해볼까요? 이 책에서 말한 주제의 종류에 따라 글의 순서는 좀 다르게 서술될 수 있어요.

앞서 말한 실용 주제는 당연히 문제가 무엇인지 파악해야 하고, 다음으로 그 문제가 발생한 원인과 이유를 찾아야 하며, 아마 마지막에는 해결책이 나오겠지요. 실용 문제 주제의 핵심은 우리가 받아들일 수 없는 문제나 극복해야 할 현실적 과제를 해결하기 위한 대안을 제시하는 겁니다. 우리 사회에 문제가 되고 있는 것들, 예를 들어 미세 먼지 문제, 노동 현장의 여성 차별, 대학 입시제도 문제, 부동산 과열 문제, 지역 불균형 문제, 소득 불평등 문제 등이 모두 실용 문제에 해당한다고 할 수 있지요. 실용 문제에 관한 글의 구성은 다른 주제들에 비해 간단합니다. 중요한 것은 실용 문제가 생기게 된 원인과 이유를 해명하는 것, 그리고 그 문제를 해결할 적절한 대안을 찾는 것입니다. 이 두 문제만 잘 해결하면 실용 문제를 서술하는 것은 그렇게 어렵지 않습니다.

실용 주제

• 서두 → 과제 제시 → 문제의 원인 → 문제의 해결책 → 마무리

또 다른 주제 유형은 찬반 논쟁이 뚜렷한 사회적 쟁점에 해당하는 쟁점 주제입니다. 쟁점 주제는 논쟁적인 문제에 대해 필자가 자신의 사회적 신념이나 믿음, 관점이 타당하고 적절하다는 것을 표명하는 것이었어요. 이런 주제에서는 쟁점에 관한 명료한 설명, 쟁점에 관한 자신의 입장과 그에 대한 근거가 매우 중요합니다. 예를 들어 낙태에 관해 찬반 논쟁이 있다고 합시다. 만약 필자가 낙태에 반대하는 입장이라면 왜 반대하는지에 관한 명백한 이유나 근거를 제시해주어야 해요. 그냥 자기는 싫어한다는 식의 말로는 독자를 설득할 수 없어요. 그래서 가장 중요한 것이 내 주장의 합리적 근거이며, 상대방 주장의 불합리한 근거를 찾아내는 것입니다. 글의 흐름은 생각보다 어렵지 않아요. 쟁점 논쟁의 내용을 설명하고 반대편 주장을 비판하고 내 주장을 서술하는 것이 일반적 순서입니다. 아니면 쟁점 논쟁의 내용을 설명하고 내 주장을 말하고 반대편 주장의 논점을 설명하고 재반박하는 순서로 진행하면 됩니다.

쟁점 주제

• 서두 → 쟁점 설명 → 반대편 주장 비판 → 나의 주장 → 마무리

• 서두 → 쟁점 설명 → 나의 주장 → 반대편 주장 반박 → 마무리

이제 마지막 남아 있는 주제는 개념과 지식 주제입니다. 이런 주제의 형식은 상대방에게 어떤 개념이나 사실, 현상에 대해 설명하고 이를 납득시키고자 하는 유형입니다. 이런 주제는 기본적으로 주제와 관련된 기본 개념을 알아야 하고 기본 개념과 연관된 여러 문제를 설명해주어야 합니다. 예를 들어 '현대 사회에 진정한 행복이란 무엇인가'라는 주제가 있다고 하면, 행복이란 개념을 우선 규명해야 하고 이 행복이란 개념이 현대 사회에서 어떤 특성을 가지는가를 설명해주어야 합니다. 이때 독자들이 납득할 수 있도록 하기 위해서는 개념에 따른 자기주장을 설명할 때 합리성과 타당성을 가져야 합니다. 또 독자들이 미처 깨닫지 못한 사실을 알려주는 효과도 있어야 합니다. 이런 모든 사항을 정리하면 다음과 같은 순서가 될 수 있습니다.

개념과 지식 주제

• 과제 제시 → 개념 설명 → 자기주장 → 마무리

이처럼 글을 구성하는 것은 생각의 흐름에 따라 매우 다양합니다. 주제의 종류에 따라 주장하고자 하는 대상과 주장 내용이 다르

기 때문에 글을 쓰는 절차도 달라지는 것이지요. 여러분이 꼭 알아야 할 것은, 앞서 말한 형식들은 대표 유형을 제시한 것에 불과하지 실제 글쓰기에 들어가면 얼마든지 달라질 수 있다는 것입니다. 앞의 주제들도 내용에 따라 조금씩 변화할 수 있는 것이기 때문에, 구성도 여러분이 쓰는 글에 따라 다르게 나올 수 있지요. 그래서 정말 조심해야 할 점은 위에서 제시한 유형을 너무 규칙처럼 사용하지는 말라는 것입니다.

제가 계속 강조하는 것은 글의 구조는 생각의 흐름에 따라 달라진다는 것입니다. 그래서 제가 다른 책에서 글의 구조를 '생각의 흐름'이라고 말한 적이 있습니다. 생각이 어떻게 흘러가느냐에 따라 글의 구조가 달라지는 것이지요. 다만 주제의 종류에 따라 대강의 흐름은 짐작해볼 수 있어요. 앞에서 말했다시피 실용 주제와 같은 경우에는 문제와 문제의 원인, 해결책이 서로 앞서거니 뒤서거니 하면서 글을 구성하게 됩니다. 예를 들어 '미세 먼지'에 관한 문제라면 원인이나 해결책 같은 것을 한 번씩 생각해보게 되는데, 만약 원인만을 집중적으로 탐구하는 글이라면 해결책은 나오지 않게 되겠지요. 그렇기 때문에 글의 구성은 굉장히 변수가 많은 부분입니다. 특히 개념과 지식 주제는 다루는 내용이 깊고 다양한 만큼, 그 구성을 형식화하기란 쉽지 않습니다.

구성과 이야기 흐름

이제 우리가 또 생각해봐야 할 문제가 있어요. 앞서 글의 구성이 생각의 흐름과 같은 것이라고 했지요. 다시 말하면 내가 글을 통해 무언가를 다른 사람에게 전달하고자 했을 때 어떤 순서로 하는 것이 좋을지 그 흐름을 생각해보는 것이 바로 글의 구성입니다. 그렇기 때문에 글의 구성은 생각이 여러 갈래로 전개될 수 있는 것처럼 매우 다양할 수 있습니다. 어떤 하나의 방식만을 고집할 수는 없겠지요. 그래서 여러분이 명심해야 할 점은, 앞에서 제시한 주제 유형에 따른 글의 구성 방식을 하나의 대표적인 사례로 보아야 하지 그것을 그대로 따라 해야 할 것으로 생각할 필요는 없다는 것입니다. 앞서 말한 여러 주제들도 세부 내용에 따라 워낙 다양할 수 있기 때문에 이에 따른 글의 구성도 수없이 나올 수 있습니다. 중요한 것은 내 생각을 독자에게 가장 효과적으로 잘 전달하는 방법을 찾는 것입니다. 여러분, 어떤 순서로 글을 작성해야 가장 효과적이고 멋있게 내 생각을 전달할 수 있을까요? 여러분이 고민해야 하는 것은 바로 그 점입니다.

구성의 흐름과 관련해서 재미있는 학설이 있는데 이 내용은 우리가 귀담아 들어볼 필요가 있습니다. 그 내용은 우리의 의식 구조가 전형적으로 이야기 구조를 따른다는 겁니다. 이야기는 하나의 상황에서 시작하여 인과적으로 사건을 연결하면서 시간적 흐름에 따르는 구조를 띠는데, 우리의 의식이 바로 이런 형식을 띠고 있다는 것이지요. 어느 정도 이해는 갑니다. 우리는 시간에 종속되어 있고 사건은 시작이 있으면 끝이 있게 마련이지요. 이야기는 사건의 인과 관계를 따지면서 상황에 맞춰 결말을 향해 흘러가지요. 학자들은 인간의 기본 의식이 이런 이야기 형식의 흐름을 가지고 있다고 말합니다. 이야기는 중요한 것과 부차적인 것을 다루고 극적인 상황을 가지고 있으며 시작과 끝의 단위적 구조를 가지는데, 우리의 생각도 그러하지요.

우리는 어떤 상황과 의미를 어떻게 전달할지, 중요한 것은 무엇이고 생략해도 될 것은 무엇인지 차츰 생각해냅니다. 글의 구성은 이런 생각의 흐름에 바탕을 두고 있습니다. 글의 구성은 시작에서 결말로 향해 가면서 이야기의 인과 관계, 연결 관계, 중요한 것과 부차적인 것의 구별, 극적 요소, 필연적인 것과 우연적인 것을 엮어서 의미를 만들어냅니다. 글의 구성이 이야기의 흐름과 흡사하다고 말을 하는 것도 이런 요소들 때문입니다. 그래서 여러분은 글의 구성을 어렵게 생각할 필요가 없을 것 같아요. 그냥 내가 전달하고자 하는 것을 이야기의 형식에 담아 보내는 것이라고 생각하면 편할 것 같습니다. 제가 서두에 글의 구성을 '생각의 흐름'이라고 말했는데, 이는 일종의 이야기의 흐름 형식을 말하는 것이지요.

그렇다면 이제 이런 것도 생각해볼 필요가 있습니다. 구성이 생각의 흐름이라면 우리는 글을 쓰기 전에 이를 얼마나 준비해야 할까요? 글의 설계도를 꼼꼼하게 하나하나씩 모두 준비해야 할까요? 아니면 생각의 흐름에 맡겨 글의 구성을 짜지 않고 그냥 써도 될까요? 때로는 거친 개요를 준비하고 글이 흘러가는 대로 맡겨도 될까요? 어떤 것이 정답이라고 말하기는 어렵습니다. 왜냐하면 장르에 따라, 주제에 따라 개요 작성을 어느 정도 해야 할지 달라지기 때문이지요. 이와 관련해 재미있는 이야기가 있어요.

법정 소설로 유명한 소설가 존 그리샴은 글의 구성을 미리 완벽하게 준비해서 작성하는 작가로 유명합니다(이분의 소설《타임 투 킬》,《의뢰인》,《펠리컨 브리프》 등은 영화로도 만들어졌지요). 글 한 편 쓰는 데 6개월밖에 걸리지 않을 때도 개요를 준비하는 데는 1~2년이 걸리기도 했다고 합니다. 그는 개요 준비를 매우 상세하게 했습니다. 전체 스토리를 짜되 한 권 분량을 끌고 갈 만한 것이라고 확신이 서면 비로소 장별 세부 개요를 작성하기 시작했지요. 존 그리샴은 절대 구조가 완벽하지 않으면 글을 시작하지 않았습니다.

그런데 추리 소설가로 잘 알려진 스티븐 킹은 그리샴과는 정반대의 특성을 보입니다. 스티븐 킹은 개요나 플롯을 작성하는 것을 싫어합니다. 특히 그는 소설에서 플롯을 불신했어요. 우리의 실제 삶이 소설의 플롯처럼 그렇게 계획대로 진행되는 것이 아닌데 왜 플롯을 그렇게 맹신하는지 모르겠다며 반박합니다. 스티븐 킹이 말한 자신의 구성 방법은 일단 극한 상황에 인물을 몰아넣고 그 인물이 상황을 어떻게 모면하는지 살펴보는 것입니다. 인물의 성격이 살아 있다면 그 상황을 벗어나기 위해 자연스러운 행동이 나타날 수밖에 없겠지요. 이야기는 이런 자연스러운 상황을 그대로 따라가면 됩니다. 이야기가 상상했던 결말로 이어지기도 하지만 때로 전혀 예상하지 못한 결말에 도달하기도 하지요. 스티븐 킹은 소설을 쓰는 필자가 예상할 수 없다면 독자들은 페이지를 넘기지 않고서는 못 배길 정도로 더 궁금해할 것이라고 말합니다. 그가 말한 플롯 구성 방식은 상황과 인물을 만들어가는 자연스러운 흐름입니다.

개요를 어느 수준으로 작성해야 할지는 상황에 따라 다릅니다. 개요 작성에 관한 외국의 연구를 보면, 개요 작성이 좋은 글을 만드는 데 꼭 긍정적 기능만 하는 것이 아니라고 합니다. 개요를 너무 자세히 작성하면 글을 거기에 맞춰 쓰는 경향이 생기지요. 그렇게 되면 글을 쓰면서 생기는 아이디어를 무시하기 쉽습니다. 그렇다고 개요를 무시하고 무작정 글을 쓰면 글의 흐름이 어떻게 될지 길을 잃게 되겠지요. 그래서 개요는 상황에 맞춰 적절한 수준으로 작성하는 것이 좋습니다.

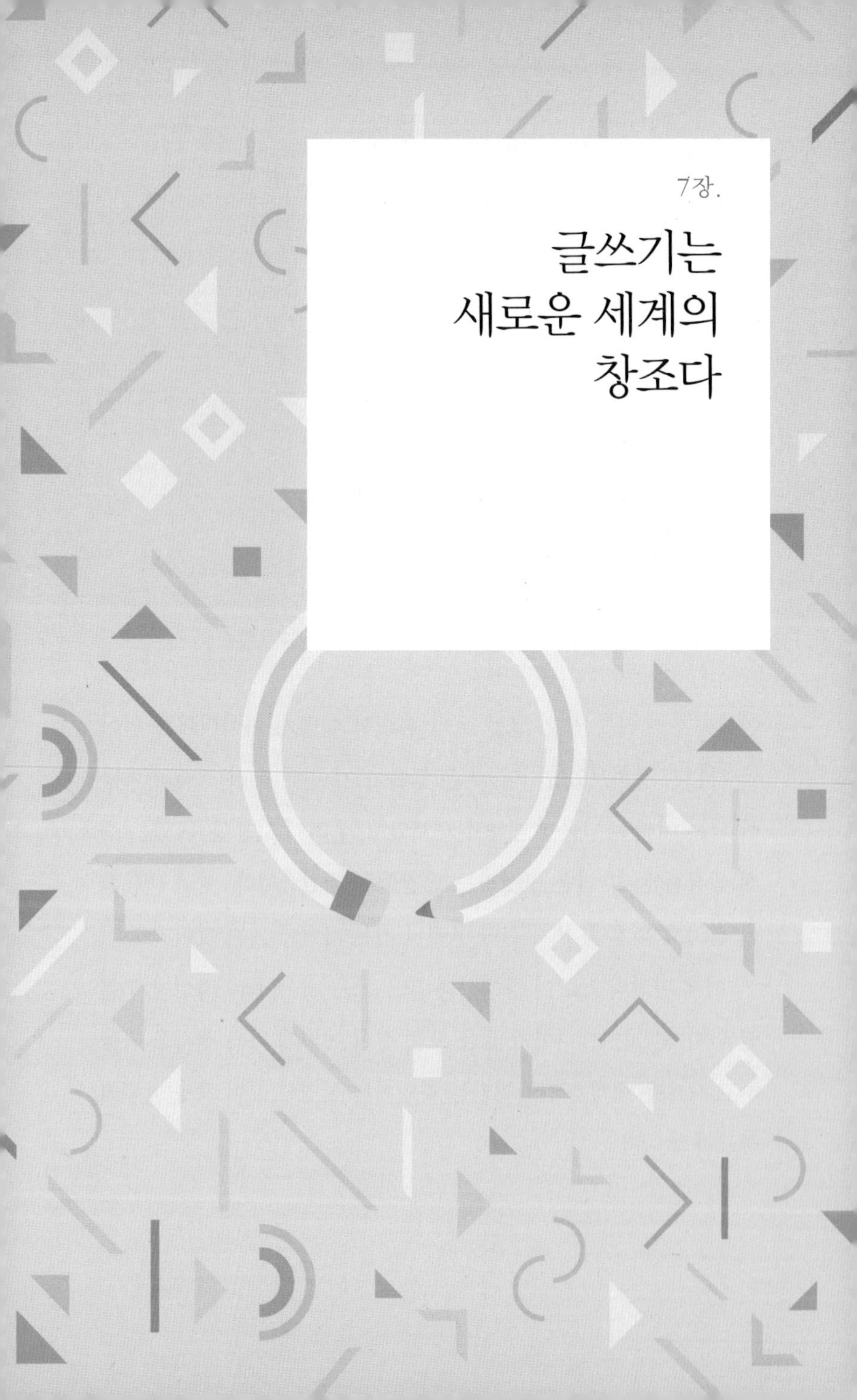

7장.

글쓰기는 새로운 세계의 창조다

하버드 대학생의 글쓰기

이제까지 우리는 좋은 글을 쓰기 위해서 어떻게 아이디어를 얻어야 하는지 살펴보았습니다. 좋은 글을 쓰기 위해 우리 생각의 바탕이 되는 여러 개념들에 대해 살펴보았고, 우리가 사용할 수 있는 주제 종류를 보고 이를 구성하는 방법들을 배웠습니다. 이런 내용들은 결국 좋은 글을 쓰기 위한 우리의 기본 바탕이 되는 것이지요.

이제 마지막으로 이 장에서는 글을 쓰는 것이 우리 자신에게 어떤 의미가 있는지, 나아가 글을 쓰는 것이 어떻게 나의 생각을 확장하고 새로운 세계를 만들어가는 것인지를 설명하고 이 책을 마무리하고자 합니다.

패러다임의 전환

2004년 미국 하버드 대학 교수들이 흥미로운 연구를 발표했다. 하버드 학생을 대상으로 4년간 대학에서 글쓰기 학업에 관한 종단 연구를 하고 그 결과를 발표한 것이다. 여기서 종단 연구란 1학년 때부터 4학년 졸업 때까지 학생이 수행한 글쓰기 자료들을 조사하면서 4년간의 변화를 추적한 것을 말한다. 하버드 대학 서머스 교수와 그 일행들은 대학에서 글쓰기와 관련된 다양한 자료, 즉 과제물, 유인물, 시험 답안, 보고서 등을 수집하고 설문 조사, 인터뷰를 하면서 내용을 분석했다.

하버드 대학생들은 모든 수업 시간에 글을 쓴다. 글의 내용도 쉽지 않고 분량도 상당히 많다. 당시 조사에 따르면 1학년의 경우 약 14편에서 20편 정도의 글을 써야 한다고 했다. 아마 4년 동안의 대학 생활이라면 상당히 많은 수의 글을 써야 했을 것이다. 서머스 교수와 일행들은 이런 쓰기 활동들이 학생들의 학업과 삶에 어떤 영향을 끼치는가를 알고 싶어 했다. 글쓰기는 힘든 작업이어서 쓰기 활동들은 학생들의 일상을 바꾸어놓을 수 있다. 인터뷰에서 여러 학생들은 글 쓰는 일이 없었다면 잠을 푹 잘 수 있었을 것이라고 말했다.

연구 결과에서 흥미를 끈 것 중 '패러다임의 전환'이란 말이 있다. 졸업까지 4년간 학생들의 쓰기 활동을 추적해보니 패러다임의 전환을 한 학생들은 주로 성공적인 대학 생활을 영위하면서 학업 과정을 잘 이수할 수 있었다. '패러다임의 전환'이란 학생들이 쓰기를 단순히 과제의 한 유형으로, 또 기술의 한 유형으로만 보지 않고, 쓰기 과제에서 문제의식을 찾고 스스로 지적 세계 속에 들어가서 새로운 세계를 발견하는 과정을 거친 것을 뜻한다. 한마디로 성적에 연연하여 과제만 수행한 학생보다 과제를 통해 지적 세계를 경험하고 새로운 것을 찾고자 한 학생이 대학 생활에서 자기 성장을 영위할 수 있었다는 것이다. 연구 책임자인 서머스 교수는 "글쓰기가 세상을 더 멀리, 더 넓게, 더 깊이 볼 수 있도록 하며, 궁극적으로 세상을 보는 자신만의 렌즈를 개발하도록 하는 것"이라고 말하고 있다.

독서와 글쓰기를 중요시하는 것은 미국 대학의 일반적 특성이다. 우리는 책을 읽음으로써 자신의 경험 세계를 넓히고, 글을 씀으로써 자신의 세계를 표현한다. 이런 것이 우리 삶의 중요한 한 부분을 차지하기도 한다. 당시 하버드 대학 루덴스타인 총장이 신입생들에게 보낸 편지에 이런 구절이 있다. "글을 많이 쓰되, 다양한 종류의 글을 경험하십시오. 왜냐하면 글쓰기 경험은 새로운 형태의 인식과 사고, 그리고 새롭고 더 복잡한 감수성을 발달시키도록 도와주기 때문입니다."

- 정희모, 《세계일보》, 2020. 3. 5.

위의 글은 하버드 대학 학생들의 글쓰기 학습에 관한 내용을 쓴 칼럼입니다. 이 글에는 하버드 대학 서머스 교수와 그 동료들이 하버드 대학 학생들을 대상으로 실험한 내용들이 나옵니다. 하버드 대학의 서머스 교수 연구팀은 학생들의 글쓰기 경험이 대학 생활에 어떤 영향을 끼치는지 알고자 추적 연구를 시작했습니다. 1학년에 들어온 입학생 중 전체의 25%인 약 400명을 대상으로 4학년이 될 때까지 4년 동안의 과정을 추적 조사하는 장기간 실험 연구를 한 것이지요. 학생들이 대학에서 주로 어떤 종류의 글을 쓰는지, 많이 쓰는 보고서 내용은 어떠하며, 어떤 성적을 받았는지, 그리고 다양한 글을 쓰면서 학생들이 어떻게 반응했고 변화하였는지를 조사했습니다.

논문을 읽어보면 여러 학생들의 다양한 변화 양상들을 볼 수 있어요. 학생들의 변화 중 가장 기억에 남는 것은 글쓰기를 단순히 학습만을 위한 도구로 보지 않고 학습에 관한 성찰의 도구로 보게 된 경우입니다. 그런 학생들은 글을 쓰면서 자신을 되돌아보게 되었을 뿐만 아니라, 세상과 소통하게 되면서 세계에 관한 자신의 시각을 넓히게 되었습니다. 글을 쓰는 일은 자기 내면과 외부 세계에 관한 인식을 높일 수 있는 좋은 계기를 만들어주기도 하지요.

이 실험에서 학생들의 쓰기 학습을 연구하면서 연구자들이 내린 결론은 상당한 의미가 있습니다. 학생들 중에는 글쓰기를 좋은 점수를 받기 위한 과제로 보지 않고, 자신의 글에 대해 흥미를 느끼고 새로운 것을 발견하기 위해 노력하는 경우도 많았어요. 서머스 교수는 그런 학생들이 좋은 글을 썼고 오히려 성적도 잘 받았다고 합니다. 하버드 대학 교수들은 이것을 '패러다임의 전환'이라고 불렀습니다. 성적을 받기 위해 억지로 글을 쓰는 것이 아니라 글을 통해 문제를 해결하고 새로운 발견을 하고자 하는 학생들이 좋은 성적을 받은 겁니다. 그뿐만 아니라 학교생활도 더 잘할 수 있었습니다. 이는 글을 쓰는 우리가 잘 생각해보아야 할 점입니다.

글을 쓸 때 우리는 과제만 생각하는 경향이 있습니다. 과제를 받으면 우리는 어떻게 이 난국을 모면할까 그런 걱정을 하지요. 그러나 글쓰기에는 과제 수행 이상의 의미가 있다는 사실을 우리는 꼭 기억해야 합니다. 글을 쓸 때 내가 점수를 얻기보다 그 이상의 무엇을 얻기 위해 글을 쓴다는 생각을 하여야 합니다. 이 논문을 쓴 필자들은 '점수를 얻는 것 이상으로 무언가를 얻는다'는 생각이 바로 가장 중요한 패러다임의 변화라고 말했지요. 글쓰기를 단지 기교나 수단으로 생각하는 그룹과 글쓰기를 통해 자기 생각을 발전시키고 새로운 생각을 발견하고자 하는 그룹 사이에는 차이가 큽니다. 이 논문을 쓴 교수들이 학생들의 보고서를 보면서 내린 결론은 학생들이 과제 수행 이상의 것을 인식하지 못하면, 학생들은 자기만족의 상태로서 대학 내내 초보자로 지내게 된다는 사실입니다. 그렇지만 글쓰기를 통해 새로운 학습 방법을 알게 되었을 때 학생들은 한 단계 더 발전된 학습으로 나아갈 수 있었습니다.

쓰기와 생각의 확장

앞에서도 언급했다시피 고대 그리스의 철학자 플라톤은 자신이 만든 이상 국가에서 시인은 추방되어야 한다는 주장을 했지요. 아마 학교에서 배운 적이 있을 겁니다. 플라톤은 왜 시인을 이상 국가에서 추방하고자 했을까요? 예술을 배척한 것이라고요? 전혀 그렇지 않습니다. 플라톤은 당시에 의사 전달이 구술, 즉 구송口誦으로 이루어지는 것을 비판한 것이지요. 구송이라고 하니 잘 모르시는 분이 있을지 모르겠지만, 노래를 불러 역사나 전통을 전달하는 것이지요. 어떤 정형 어구를 가지고 노래를 불러 의미를 계속 후대로 전송하는 방식은 문자가 보편화되어 있지 않았던 당시 그리스 시대의 보편적 전달 방식이었어요. 여러분, 〈아리랑〉을 기억하면 될 겁니다. 정형 어구로 반복되는 노래에 가사를 실어 의미를 후대로 전달하는 것입니다.

플라톤은 왜 시인들을 비판한 것일까요? 플라톤이 예술가를 배척한 것일까요? 그렇지 않습니다. 플라톤은 정형 어구에 실어 이전의 역사와 사회적 전통을 전달하는 것에 반대한 겁니다. 플라톤은 구술 양식만으로는 사실을 그대로 전달하기 힘들다고 보았지요. 시구에 의존하여 역사를 보존하는 것은 정확할 수 없어요. 그렇기 때문에 기억에 의존하는 구술 양식보다 사실을 정확히 기록할 수 있는 문자를 플라톤이 더 선호한 것이 아닌가 생각할 수 있습니다. 이런 점을 보면 그리스 시대는 당시 다른 사회와 마찬가지로 여전히 구술 양식이 지배하던 사회였다는 점을 알 수 있지요. 아, 문자가 없었냐고요? 물론 있었습니다. 다만 보통 사람들은 문자를 읽고 쓸 수 없었기 때문에 지금과 같은 문자 사회라고 보기는 어렵지요. 독자가 없으면 글을 쓸 필요가 없으니까요.

플라톤이 구송 양식을 비판한 것은 이외에도 또 다른 의미가 있습니다. 보통 구송 양식은 화자와 청자가 노래나 소리를 통해 일체가 되는 것을 중시합니다. 화자의 가사 내용을 받아들이고 후렴구를 함께 부르면서 일체가 되지요. 플라톤은 이런 사회에서 비판적 의식이 살아날 수 없다고 생각했지요. 그래서 주체와 객체의 구분을 하고 싶어 했어요. 노래를 하는 주체와 그것을 듣는 객체를 분리하여야 노래 가사를 객관적이고 비판적으로 분석해볼 수 있지요. 그래서 역사나 전통을 더 이상 노래가 아닌 문자로 기록하고 싶어 한 것입니다. 문자는 의미를 정확하게 전달할 뿐만 아니라 그 내용을 객관적으로 분석해 비판할 수 있습니다. 그리고 그것으로부터 새로운 생각이나 창의적 생각도 가능해지지요.

앞의 하버드 대학 논문을 보면 학생들과 인터뷰한 내용이 나오는데요. 학생들 대다수는 글쓰기가 수업에서 무척 중요하다고 이야기합니다. 글쓰기는 수업에 집중하게 해주고, 수업의 내용을 이해하고 습득하는 데 도움을 준다는 언급을 많이 했습니다. 글을 쓰지 않고 시험만 본 수업은 수업 내용을 깊이 있게 이해할 수 없어 마치 학문적 '여행자'와 같은 느낌이 들었다고 말하기도 했지요. 우리는 글을 쓰면서 학습 내용을 내가 어떻게 받아들이고 이해했는지를 판단합니다. 글은 대상을 깊게 생각하도록 하고 내가 그것을 어떻게 생각하는지 알게 해주지요. 그래서 글을 쓰면 비로소 그 학문의 세계에 마치 전문가처럼 참여할 수 있게 되는 것이랍니다. 그리고 그것으로부터 비판적인 생각, 창의적인 생각도 나오는 것이랍니다.

글쓰기와
세계로의 확장

유명한 문예학자 월터 옹Waler J. Ong이 쓴 글에 이런 내용이 나옵니다. 한 노동자가 하루 고된 일을 마치고 집으로 돌아가는 차 안에서 토머스 하디의 소설을 읽고 있어요. 그 순간 그 사람은 자기가 전혀 경험할 수 없는 세계 속에 들어가 그 소설의 인물이 되어 그 세계를 경험하고 있는 것이지요. 월터 옹은 소설을 읽는 독자는 소설 속에 들어가 작품 속의 인물이 되어 그 역할을 담당하게 된다고 말합니다. 또 작가는 독자가 작품을 읽을 때 어떤 등장인물이 되어 그 역할을 맡게 될 것을 예상하면서 작품을 쓴다고 옹은 말합니다. 월터 옹의 말처럼 필자는 글을 통해 어떤 세계를 창조하고 독자의 참여를 요구합니다. 글을 쓴다는 것은 또 다른 세계를 만드는 것과 동일합니다. 그리고 독자를 그 세계에 초대하는 것과 흡사하지요. 소설을 쓰는 것은 또 다른 세상을 만드는 매력이 있습니다.

간단한 예를 들어볼까요. 여러분, 영화 〈반지의 제왕〉을 본 적이 있으신가요. 영화의 원작 《반지의 제왕》은 영국의 소설가 톨킨 J. R. R. Tolkien이 쓴 판타지 3부작 소설이지요. 톨킨은 중간계라는 상상의 세계를 만들고 거기서 인간 종족과 여러 다른 종족(호빗, 요정, 난쟁이 등)들이 암흑의 군주인 사우론과 싸우는 스토리를 만들어냈지요. 가상의 세계이지만 톨킨은 마치 인간 세상의 전쟁처럼 흥미진진하게 스토리를 엮어 수많은 독자들로부터 엄청난 호평을 받았습니다. 톨킨이 새로운 세상을 만드는 데 얼마나 많은 공을 들였는지 소설 3부작과 함께 펴낸 부록을 보면 잘 알 수 있어요. 부록에서는 소설에 등장하는 시대적 배경 이전의 역사를 서술하고, 곤도르와 로한 왕실, 호빗들의 계보도를 제시하며, 그 시대의 언어와 문자 체계까지도 설명하고 있지요. 톨킨은 언어를 통해 완벽하게 새로운 세상을 만들어낸 것입니다. 언어는 우리가 이전에 상상할 수 없었던 세계까지 만들어 우리를 그곳으로 이끌 수 있답니다. 글을 쓴다는 것은 이처럼 새로운 세상을 만드는 것과 다름없지요.

이런 점은 소설과 같은 허구의 이야기를 만드는 것만이 아니라 내 생각 혹은 내 주장을 상대방에게 설득하고 납득시키고자 하는 글에서도 마찬가지입니다. 설명문이나 논설문 같은 글을 말하는데, 이런 글이라 하더라도 새로운 생각을 담아낸다는 점은 변함이 없을 것 같아요. 내가 설득적인 글을 써서 다른 사람에게 내 주장을 받아들이게 하려면 결국 그 사람이 납득할 수 있는 논리적 세계를 만들어야 하겠지요. 그래서 모든 글은 무언가를 담아내고, 무언가를 창조하는 작업이라 말할 수 있습니다. 우리는 글쓰기를 통해 새로운 논리, 새로운 감성, 새로운 스토리를 창안해가는 재미에 빠져들 수 있지요.

앞의 예문에서 하버드 대학의 닐 루덴스타인Neil Rudenstine 총장은 대학 신입생들에게 편지를 보내면서 마지막으로 글쓰기에 대해 당부를 했지요. "글을 많이 쓰되, 다양한 종류의 글을 경험하십시오. 왜냐하면 글쓰기 경험은 새로운 형태의 인식과 사고, 그리고 새롭고 더 복잡한 감수성을 발달시키도록 도와주기 때문입니다"라고 말입니다. 많은 글을 쓰는 것, 그리고 다양한 종류의 글을 써보는 것은 여러분의 인식과 사고를 발전시킵니다. 그리고 새로운 감수성을 발달시켜주게 될 것입니다.

이 책의 앞부분에서 글이 생각을 정리하고 더 나은 생각을 발견할 수 있도록 도와준다고 했지요. 우리의 기억력은 한계가 있어 많은 것을 기억할 수 없어요. 그래서 메모를 하라고 많이 권유하는 것이지요. 글을 써서 내용을 정리하면 비로소 문제가 무엇인지 발견할 수 있어요. 글쓰기가 우리의 인식과 사고를 확장한다는 것은 더 이상 설명할 필요가 없을 것 같습니다. 특히 책을 읽고 글을 쓰는 것은 여러분을 새로운 지적인 세계로 인도하게 될 겁니다. 책을 통해 많은 정보를 얻게 되고 그것을 바탕으로 여러분이 만든 정보를 새롭게 기록하게 되지요. 인간의 문명은 이와 같이 '읽고 쓰는 능력literacy'을 통해 발전해왔습니다.

그렇다면 루덴스타인 총장이 말했듯이 감수성은 또 어떻게 발달하게 되는 것일까요? 장엄한 자연의 풍경이나 아름다운 그림을 감상하게 되었을 때 우리가 느끼는 감정을 한번 떠올려보기 바랍니다. 우선 제 경험부터 이야기해볼까요. 저는 처음 그랜드캐니언을 봤던 때를 기억합니다. 정말 엄청나서 숨이 헉 하고 막히더군요. 너무 엄청나고 장엄하다는 느낌 외에 아무 생각이 나지 않았습니다. 그림도 마찬가지입니다. 이전에 미술관에 가서 그림을 구경할 기회를 자주 가졌는데, 비구상화나 추상화를 보면 정말 어떻게 해석해야 할지 감감할 때가 많았지요. 느낌이나 정서는 바로 거기까지입니다. 그런데 그런 감정을 글로 쓰면 달라집니다. 여행기나 평론을 쓰는 것이지요.

여행기나 미술 평론은 이런 느낌에 어떤 의미를 부여해줄 수 있습니다. 그 순간 내가 느낀 감정이 무엇인지, 그 감정의 정체가 어떠한지, 그 대상을 통해 내가 무엇을 얻을 수 있었는지 하나씩 생각해볼 수 있지요. 글은 내 감정의 실체와 의미가 무엇인지 밝혀줍니다. 그리고 거기서 나아가 그 감정이 얼마나 무한히 증폭될 수 있는지를 보여주지요. 여행도 좋고, 그림 감상도 좋지만 거기서 나아가 여행에 대해, 미술 감상에 대해 글을 쓰면 또 다른 나의 감성을 발견할 수 있습니다.

여러분, 글을 쓴다는 것은 또 다른 세계를 여행하는 것과 같습니다. 일기를 쓰면서 내가 몰랐던 나를 발견할 수 있고, 콩트를 쓰면 또 다른 세상을 발견할 수 있지요. 글을 쓰는 것은 또 다른 세계를 찾아가는 작업입니다. 여러분, 앞에서 글을 쓰기 위해 필요한 여러 아이디어를 배웠지요. 이런 아이디어를 가지고 직접 글을 한번 써보기 바랍니다. 글을 쓰면서 여러분이 경험하지 못한 새로운 세계를 만나기를 진심으로 바랍니다. 글쓰기가 여러분을 경험하지 못한 새로운 세계로 안내해줄 것입니다.

| 참고문헌 |

고종석, 〈'버핏의 경기장'을 넘어서〉, 《신성동맹과 함께 살기》, 개마고원, 2006. (《정치의 무늬》, 고종석 선집 3권, 알마, 2015)

김성숙, 《한국어 논리와 논술》, 연세대학교 대학출판문화원, 2016.

나수호, 〈구술성과 기록성의 관계에 대한 영어권 학자들의 초기 탐구에 관한 소고〉, 《구비문학연구》 제38집, 2014.

루이즈 디살보, 《최고의 작가들은 어떻게 글을 쓰는가》, 정지현 옮김, 예문, 2015.

마이클 미칼코, 《100억짜리 생각》, 박종안 옮김, 위즈덤하우스, 2011.

배철현, 〈'상징적 인간' 호모 심볼리쿠스〉, 《월간중앙》 2018년 1월호.

빈센트 라이언 루기에로, 《생각의 완성》, 박중서 옮김, 푸른숲, 2011.

송진웅·나지연, 〈창의융합의 과학교육적 의미와 과학 교실문화의 방향〉, 《교과교육학연구》 제18권 3호, 2014.

스티븐 킹, 《유혹하는 글쓰기》, 김진준 옮김, 김영사, 2002.

윌리스 체이프, 《담화와 의식과 시간》, 김병원·성기철 옮김, 한국문화사, 2006.

이병민, 〈창의성 및 언어의 창의성 개념과 외국어 교육에서의 함의〉, 《국어교육연구》 제31집, 2013.

이윤빈, 《담화 통합 글쓰기》, 박문사, 2017.

정희모, 《글쓰기 교육의 이론적 탐색》, 경진출판, 2020.

정희모·이재성, 《글쓰기의 전략》, 들녘, 2005.

조지프 윌리엄스·그레고리 콜롬, 《논증의 탄생》, 윤영삼 옮김, 홍문관, 2008.

존 윌슨, 《옥스퍼드식 개념 사고법》, 최일만 옮김, 필로소픽, 2017.

토니 로시터, 《베스트셀러 작가들의 글쓰기 비법》, 방진이 옮김, 북멘토, 2018.

황희수, 《아이디어 발상 A To Z》, 내하출판사, 2003.

Arthur N. Applebee, "Writing and Learning in School Settings," Martin Nystrand (ed.), *What Writers Know: The language, process, and structure of written discourse*, Academic Press, 1982.

Maxine Hairston, "Different Products, Different Processes: A Theory about Writing," *College Composition and Communication*, Vol.37, No.4, 1986.

Nancy Sommers & Laura Saltz, "The Novice as Expert: Writing the Freshmen Year," *College Composition and Communication*, Vol.56, No.1, 2004.

• 인터넷 자료

https://terms.naver.com/entry.nhn?docId=5702225&cid=64656&categoryId=64656

http://www.greatnature.org/world/earth_walk/index.asp

https://www.yna.co.kr/view/MYH20160928007600038

https://www.ytn.co.kr/_ln/0104_200606261731533802_004

https://ko.wikipedia.org/wiki/%EB%B0%98%EC%A7%80%EC%9D%98_%EC%A0%9C%EC%99%95

https://imnews.imbc.com/replay/2006/nwdesk/article/1990552_29291.html

http://blog.naver.com/PostView.nhn?blogId=san-5677&logNo=220842952490&parentCategoryNo=&categoryNo=9&viewDate=&isShowPopularPosts=true&from=search

다음 세대에 전하고 싶은 한 가지는 무엇입니까?

다음 세대를 생각하는 인문교양 시리즈 아우름

01 손잡지 않고 살아남은 생명은 없다 | 최재천
★ 아침독서신문 청소년 추천도서 ★ 청소년 북토큰 도서 ★ 학교도서관저널 추천도서 ★ 세종도서 교양도서

02 사랑할 시간이 그리 많지 않습니다 | 장영희
★ 세종도서 문학나눔 도서

03 왜 주인공은 모두 길을 떠날까? | 신동흔
★ 세종도서 문학나눔 도서 ★ 책따세 추천도서 ★ 도서문화재단 씨앗 주제도서

04 인연이 모여 인생이 된다 | 주철환

05 배움은 어리석을수록 좋다 | 우치다 타츠루
★ 올해의 청소년 교양도서 ★ 청소년 북토큰 도서

06 내가 행복한 곳으로 가라 | 김이재

07 새로운 생각은 받아들이는 힘에서 온다 | 김용택

08 노력은 외롭지 않아 | 마스다 에이지

09 내가 읽은 책이 곧 나의 우주다 | 장석주
★ 아침독서신문 청소년 추천도서 ★ 세종도서 교양도서

10 산도 인생도 내려가는 것이 더 중요하다 | 엄홍길
★ 아침독서신문 청소년 추천도서

11 나는 매일 감동을 만나고 싶다 | 히사이시 조

12 정의, 나만 지키면 손해 아닌가요? | 김경집
★ 올해의 청소년 교양도서 ★ 학교도서관저널 올해의 책 ★ 아침독서신문 청소년 추천도서 ★ 청소년 북토큰 도서

13 자신만의 하늘을 가져라 | 강판권

14 내 삶의 길을 누구에게 묻는가? | 백승영

15 옛 거울에 나를 비추다 | 공원국

16 세상은 보이지 않는 끈으로 연결되어 있다 | 최원형
★ 세종도서 교양도서 ★ 환경정의 선정 올해의 청소년 환경책 ★ 아침독서신문 청소년 추천도서

17 감정은 언제나 옳다 | 김병수

18 큰 지혜는 어리석은 듯하니 | 김영봉

19 우리는 모두 예술가다 | 한상연
★ 아침독서신문 청소년 추천도서

20 인공지능, 아직 쓰지 않은 이야기 | 고다마 아키히코

21 틀려도 좋지 않은가 | 모리 츠요시

22 고운 마음 꽃이 되고 고운 말은 빛이 되고 | 이해인
★ 아침독서신문 청소년 추천도서 ★ 학교도서관저널 추천도서 ★ 책따세 추천도서
23 좋은 질문이 좋은 인생을 만든다 | 모기 겐이치로
24 헌법, 우리에게 주어진 놀라운 선물 | 조유진
★ 아침독서신문 청소년 추천도서
25 기생충이라고 오해하지 말고 차별하지 말고 | 서민
★ 아침독서신문 청소년 추천도서
26 돈과 인생의 진실 | 혼다 켄
27 진실은 유물에 있다 | 강인욱
★ 아침독서신문 청소년 추천도서
28 인생이 잘 풀리는 철학적 사고술 | 시라토리 하루히코
29 발견이 전부다 | 권덕형
30 세상이 어떻게 보이세요? | 엄정순
★ 아침독서신문 청소년 추천도서
31 상식이 정답은 아니야 | 박현희
32 다르지만 다르지 않습니다 | 류승연
★ 아침독서신문 청소년 추천도서 ★ 학교도서관저널 추천도서
33 잃어버린 지혜, 듣기 | 서정록
34 배우면 나와 세상을 이해하게 됩니다 | 이권우
★ 아침독서신문 청소년 추천도서
35 우리 마음속에는 저마다 숲이 있다 | 황경택
★ 세종도서 교양도서 ★ 아침독서신문 청소년 추천도서
36 우연이 아닌 선택이 미래를 바꾼다 | 류대성
37 글을 쓰면 자신을 발견하게 됩니다 | 박민영
★ 세종도서 교양도서 ★ 학교도서관저널 추천도서
38 우리는 스스로 빛나는 별이다 | 이광식
★ 학교도서관저널 추천도서
39 도시는 만남과 시간으로 태어난다 | 최민아
40 미생물에게 어울려 사는 법을 배운다 | 김응빈
★ 세종도서 교양도서 ★ 아침독서신문 청소년 추천도서
41 좋은 디자인은 내일을 바꾼다 | 김지원
42 창의성이 없는 게 아니라 꺼내지 못하는 것입니다 | 김경일
★ 세종도서 교양도서 ★ 청소년 북토큰 도서
43 시장, 세상을 균형 있게 보는 눈 | 김재수
44 다를수록 좋다 | 김명철

아우름 시리즈는 계속 출간됩니다.

아우름45

창의적 생각의 발견, 글쓰기

1판 1쇄 인쇄 2020년 9월 16일
1판 1쇄 발행 2020년 9월 22일

지은이 정희모
펴낸이 김성구

주간 이동은
책임편집 고혁
콘텐츠사업본부 현미나 송은하 김초록
디자인 이영민
제 작 신태섭
전략마케팅본부 최윤호 나길훈 이서윤 김지원
관 리 노신영

펴낸곳 (주)샘터사
등 록 2001년 10월 15일 제1-2923호
주 소 서울시 종로구 창경궁로35길 26 2층 (03076)
전 화 02-763-8965(콘텐츠사업본부) 02-763-8966(전략마케팅본부)
팩 스 02-3672-1873 **이메일** book@isamtoh.com **홈페이지** www.isamtoh.com

ISBN 978-89-464-2169-1 04080
ISBN 978-89-464-1885-1 04080(세트)

이 도서의 국립중앙도서관 출판시도서목록(CIP)은 e-CIP 홈페이지
(http://www.nl.go.kr/cip.php)에서 이용하실 수 있습니다. (CIP제어번호: CIP2020038310)

값은 뒤표지에 있습니다.
잘못 만들어진 책은 구입처에서 교환해드립니다.